120 Músicas Favoritas para Piano

Mário Mascarenhas

2.º VOLUME

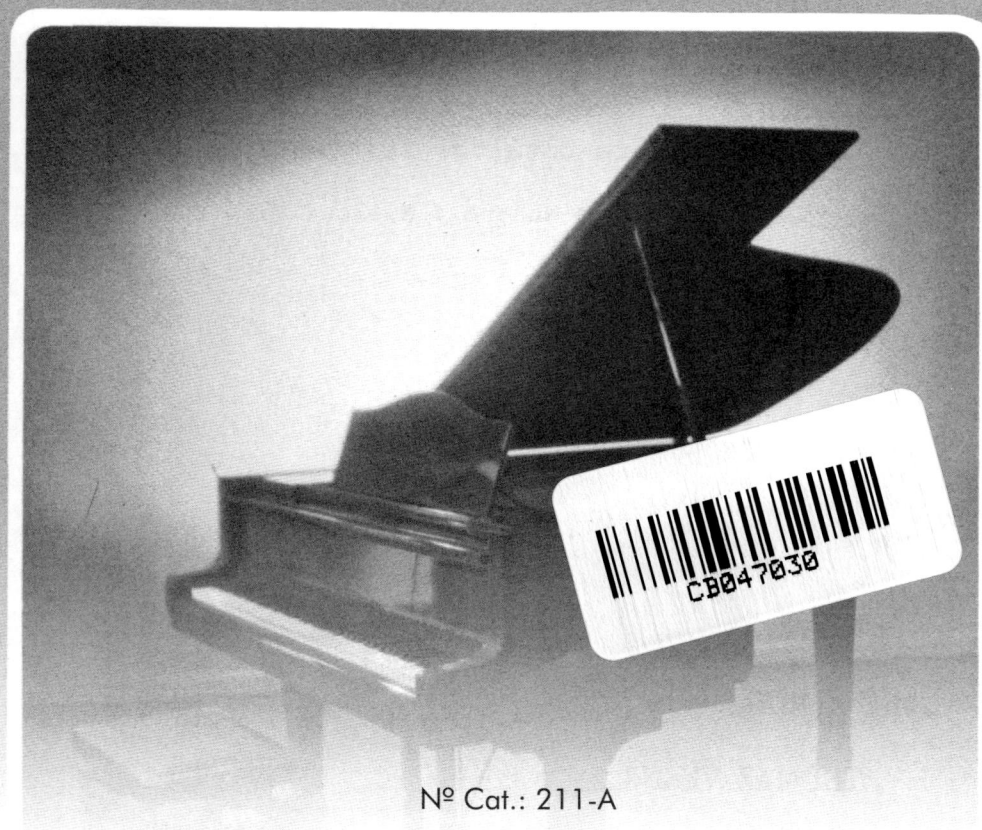

Nº Cat.: 211-A

Irmãos Vitale Editores Ltda.
vitale.com.br
Rua Raposo Tavares, 85 São Paulo SP
CEP: 04704-110 editora@vitale.com.br Tel.: 11 5081-9499

© Copyright 1979 by Irmãos Vitale Editores Ltda. - São Paulo - Rio de Janeiro - Brasil.
Todos os direitos autorais reservados para todos os países. *All rights reserved.*

Dados Internacionais de Catalogação na Publicação (CIP)
(Câmara Brasileira do Livro, SP, Brasil)

Mascarenhas, Mário
   120 músicas favoritas para piano, 2º volume / Mário Mascarenhas.   São Paulo : Irmãos Vitale

1. Música popular brasileira 2. Piano - Estudo e ensino I. Título.

ISBN 85-7407-093-9
ISBN 978-85-7407-093-3

00-2262   CDD-786.207

Índices para catálogo sistemático:

1. Piano : Estudo e ensino : Música   786.207

HOMENAGEM

AO NOBRE AMIGO

    THOMAZ VERNA,

        OFEREÇO ESTA OBRA, EM TRÊS VOLUMES.

                                                  Mário Mascarenhas

RIO, 15-8-1979

PREFÁCIO

Ao apresentar o 2.º Volume de "120 MÚSICAS FAVORITAS PARA PIANO", após cuidadosas pesquisas e rigorosa escolha das peças, entrego aos pianistas uma obra de grande interesse, como eles sonhavam.

A finalidade desta coletânea, que constará de 3 volumes, consiste em proporcionar a todos, quer aos principiantes ou aos possuidores de grande técnica, uma seleção das mais belas músicas mundialmente consagradas.

Foi uma árdua tarefa, que se tornaria mais fácil se estas peças fossem colocadas pelo original, o que seria apenas colecionar e copiar, mas, pensando no nível dos principiantes, facilitei grande número delas, para que eles e os de meia força de técnica não ficassem esquecidos.

Para o executante avançado, mesmo nos arranjos fáceis, haverá grande proveito, uma vez que, empregando sua própria ação criadora, enriqueça-os com baixos afastados, acordes de mais sons na mão esquerda, preenchimento da linha melódica com mais notas (em acordo com a harmonia tradicional), pela cifragem prática ou então, transportando-os.

Esta coleção oferece, portanto, uma variedade imensa de composições dos Grandes Mestres da Música Erudita, bem como singelas canções folclóricas de diversos países, músicas para aulas de ballet, para audições de Escolas de Música, Festas Juninas e Folclóricas, trechos de Óperas, jóias do nosso Cancioneiro Tradicional.

Obra essencialmente pedagógica, contém uma didática moderna, ensinando com naturalidade, recreando, motivando, desenvolvendo a leitura e a técnica pianística, com pedal e dinâmica.

Aquele que executa o seu Piano por amor à Música, nas suas horas de lazer, terá momentos inesquecíveis de arte e puro enlevo, ao executar tão belas partituras.

Artistas são os amantes da música que não se satisfazem apenas ouvindo-a, porém, só se realizam plenamente quando as melodias saem de seus próprios dedos.

Somente a Música é capaz de traduzir com tanta fidelidade os sentimentos mais sublimes que tanto nos aproximam de Deus!

MÁRIO MASCARENHAS

ÍNDICE

	Pág.
ADÁGIO EM DÓ MENOR — Música Barroca — *Benedetto Marcello*	186
A FLAUTA MÁGICA — 1.ª Área de Papagueno — *W. A. Mozart*	188
ALMA CIGANA — Fantasia Cigana — *Mário Mascarenhas*	177
ALLEGRO — *Joseph Haydn*	48
ALLEGRETTO DA SONATA — Opus 31 N.º 2 — *L. Van Beethoven*	93
ALLES NEU MACHT DER MAI — Canção Alemã	101
AMÉRICA — *Henry Carey*	16
AMOR CIGANO — Tango e Habanera — *Mário Mascarenhas*	146
ALOHA OE — Canção do Hawaí	17
A PASTORA E O SENHOR — Música Medieval — Anônimo Século XIII	60
ÁRIA DA 4.ª CORDA — *J. S. Bach*	172
ARRORRÓ MI NIÑO — Canção de Ninar — Folclore Argentino	7
BARQUEIROS DO VOLGA — Canção Russa	36
BELIEVE ME IF ALL THOSE ENDEARING YOUNG CHARMES — Folclore Americano	26
BIFE — De Lulli	50
BOI DA CARA PRETA — Canção de Ninar — Folclore Brasileiro	9
CANÇÃO DA ÍNDIA — *N. Rimsky Korsakoff*	126
CANÇÃO DA PRIMAVERA — Opus 62 N.º 6 — *F. Mendelssohn*	124
CANÇÃO HÚNGARA — Folclore Húngaro	117
CAPRICHO ESPANHOL — Opus 34 — *N. Rimsky Korsakoff*	154
CARO NOME — *G. Verdi*	66
CAVALARIA LIGEIRA — Ouverture — *Franz von Suppé*	183
CHANSON RUSSE — Opus 31 — *Sydney Smith*	157
CLAIR DE LUNE — *C. Debussy*	223
CONSOLAÇÃO N.º 3 — *Franz Liszt*	198
CORETO DE DIAMANTINA — Folclore de Diamantina	86
CZARDAS DE TROIKA — Dança Russa	116
DANÇA DAS HORAS — *A. Ponchielli*	180
DANÇA DE ANITRA — Opus 46 N.º 3 — *E. Grieg*	114
DANÇA DOS PEQUENOS CISNES — *P. Tschaikowsky*	67
DANÇA HÚNGARA N.º 6 — *J. Brahms*	144
DANÇA MOLDAVA — *Mário Mascarenhas*	138
DANÇANDO A QUADRILHA — *Mário Mascarenhas*	97
DANÇANDO BALLET — Potpourrit — *Léo Delibes e P. Tschaikowsky*	151
DUAS GUITARRAS — Canção Russa	112
EL PERICÓN — Dança Argentina	39
EL SAUZAL — O Salgueiral — Folclore Colombiano	25
ELÉGIE — Opus 10 — *Jules Massenet*	142
ENGENHO NOVO — Côco — Folclore Brasileiro	33
FAUSTO — Valsa — *Charles Gounod*	47
GLÓRIAS DE TOUREIRO — Paso Doble — *Mário Mascarenhas*	148
GREENSLEEVES — Música Barroca — Anônimo Século XVIII	35
GOLLIWOGG'S CAKE-WALK — *C. Debussy*	205
HATIKWOH — A Esperança — Canção Nacional Judía	28
HINO DOS GUERRILHEIROS JUDEUS — Canção de Israel	29
HOME ON THE RANGE — Folclore Americano	24
HOME SWEET HOME — Folclore Americano	22
HUMORESQUE — *Antonin Dvŏrak*	110
IL BACIO — *Arditi*	58
IL GUARANY — Ouverture — *A. C. Gomes*	160
I'LL TAKE YOU HOME AGAIN, KATHLEEN — *Thomas P. Westendorf*	23
JUANITA — Folclore Americano	32
L'ADIEU AU PIANO — Adeus ao Piano — *L. van Beethoven*	192
LA DONNA E MOBILE — Rigoleto — *G. Verdi*	46
LA FILLE AUX CHEVEUX DE LIN — *C. Debussy*	210
LA PLUS QUE LENTE — *C. Debussy*	217
LA VIENNOISE — Valse — Opus 54 — *H. Van Gael*	62
LA VOIX DU CŒUR — Opus 51 — *H. Van Gael*	94
LE PETIT NÈGRE — *C. Debussy*	202
LONDONDERRY — Balada de Londres — Folclore Irlandês	40

	Pág.
LOVE'S OLD SWEET SONG — *J. L. Molloy*	14
MANGERICO — Folclore Português	44
MARINE'S HYMN — Hino dos Fuzileiros Navais — Tradicional	12
MAZURCA DE ANINHA — Folclore Tcheco	19
MAZURKA — Opus 68 N.º 2 — *F. Chopin*	195
MEDITATION — Da Ópera Thaïs — *J. Massenet*	100
MEU LIMÃO, MEU LIMOEIRO — Toada — Folclore Brasileiro	52
MISERERE — Il Trovatore — *G. Verdi*	136
MODINHA — *Mário Mascarenhas*	76
MORENA, MORENA — Toada — Folclore do Paraná	54
NHAPOPÉ — Toada — Folclore Brasileiro	45
NOITES DE MOSCOW — Folclore Russo	37
NOZANI-NÁ — Folclore Indígena	31
O BARÃO DOS CIGANOS — Valsa — *J. Strauss*	128
OH! MY DARLING CLEMENTINE — Folclore Americano	15
OLD FOLKS AT HOME — Folclore Americano	38
O MORCEGO — Valsa — *J. Strauss*	70
O PESCADOR DE PÉROLAS — Romance — *G. Bizet*	106
O POETA E O CAMPONÊS — *Franz Von Suppé*	174
ORIENTALE — Opus 50 N.º 9 — *Cesar Cui*	108
PLAISIRS DU BAL — Gavotte — *P. Beaumont*	118
PLAISIR D'AMOUR — *G. Martini*	64
PRELÚDIO N.º 4 — *Mário Mascarenhas*	84
PRIMA CAREZZA — Opus N.º 1 — *C. De Crescenzo*	121
QUANDO A CARAVANA PASSA — *Mário Mascarenhas*	56
QUINTA SINFONIA — Opus 64 — *P. Tschaikowsky*	104
RECORDANDO CHOPIN — *F. Chopin*	131
RED RIVER VALLEY — O Vale do Rio Vermelho — Folclore Americano	18
REFRAIN VIENENSE — Canção Popular Vienense	21
RÊVERIE — *C. Debussy*	212
RONDÓ CIGANO — Gipsy Rondó — *Joseph Haydn*	166
RONDÓ DA SONATA PATÉTICA — Opus 13 — *L. Van Beethoven*	92
ROSEAS FLORES D'ALVORADA — Modinha Imperial	78
ROSINHA DO MEIO — Folclore Português	8
SAINTE CATHERINE — Rigaudon — *Jonh Barrett*	49
SCHEHEREZADE — Opus 35 — *N. Rimsky Korsakoff*	164
SINFONIA DA CANTATA 156 — Arioso — *J. S. Bach*	170
SHE'LL BE COMING ROUND THE MOUNTAIN — Folclore Americano	16
SOMENTE UM CORAÇÃO SOLITÁRIO — *P. Tschaikowsky*	168
STAR SPANGLED BANNER — *John Stafford Smith*	13
SURURÚ NA CIDADE — Chôro — *Zequinha Abreu*	74
TARANTELA — *P. Beaumont*	88
THE LAST ROSE OF SUMMER — Folclore Americano	14
THOSE WERE THE DAYS — Folclore Russo	41
TIA IA TIA — Folclore Espanhol	11
TIEFES LIED — Canção Russa	27
TIROLIRO — Folclore Português	72
TOADA SERTANEJA — *Mário Mascarenhas*	68
TURKEY IN THE STRAW — Folclore Americano	30
UMA VIAGEM A PORTUGAL — Folclore Português	80
UNA FURTIVA LACRIMA — *G. Donizetti*	134
VALSA — Opus 62 — *C. Gurlitt*	189
VALSA DAS FLORES — *P. Tschaikowsky*	102
VALSA DE TROIKA — Folclore Russo	42
VALSA DO IMPERADOR — *J. Strauss*	20
VALSE — *Wilhelm Friedrich Bach*	34
VALSETTE N.º 5 — Opus 18 — *Franz Schubert*	65
VIDA VIENENSE — Valsa — *J. Strauss*	43
VIRA, VIRÔ — Música para Festas	10
VOCÊ GOSTA DE MIM, CECI — Folclore Brasileiro	10

Breve Biografia de "La Vida y su Musica" del Talentoso y Gran Compositor Brasileño Mario Mascarenhas

Eminente compositor brasileño dedica toda su vida a la música, a la composición, al arte.

Tiene obras tan originales, tan poéticas, mejor dicho tan suyas, y de una belleza tan pura como pocas.

Las etapas de su vida se marcan con nombres de música, de composiciones, de páginas inolvidables en el mundo del arte musical.

La naturaleza ha sido pródiga con él. Mario Mascarenhas lo ve todo y su alma bebe fascinada en la milagrosa fuente que ante él se abrió.

Mientras escuchamos la maravilla de su música, procuramos compreender la fuente de la cuál fluye. Y he aquí que en el origen de esta divina fuente encontramos un compositor. Un compositor que interpreta sus pensamientos, convirtiéndolos en la belleza de su música. Y este poder de interpretación del gran compositor es lo que eleva su personalidad a el plano de los grandes compositores.

Sueña con nuevas obras, con música, con arte. En su corazón se funden lo que ve y oye; el sol y las montañas, las nubes estivales y los sonidos soñadores, colores y ritmos, belleza y gracia.

A Mario Mascarenhas se le podría llamar el "Corazón del Alma de Brasil", porque en él palpitan todas las pasiones, todos los sentimientos humanos y todo el encanto y la belleza de su madre tierra.

El encuentra siempre la expresión y el colorido justo en cada composición, en cada obra, en cada página. Ha compuesto innumerables obras para acordeón a piano, guitarra, flauta; para piano obras bellísimas entre las que figuran la fantasía "Alma Cigana", Preludio N.º 4, Modinha, Glorias de Torero, Toada Sertaneja, Cuando a Caravana Passa, Dança Moldava, etc.

Quiero decir que su preciosa obra "Capricho Andaluz" nos evoca una Andalucía con sus jardines coloreados de claveles... rosas... flores... Capricho Andaluz, página bellísima que figura entre las más felices inspiraciones del autor, es una impresión evocadora de la vida y del ambiente que cubre el luminoso cielo Andaluz.

Deseo que de el alma del gran compositor Mario Mascarenhas, sigan floreciendo hermosas páginas musicales para el mundo de la música, tan bellas y expressivas como todas las obras que hasta ahora de su alma de artista han florecido.

IRIS CALDERARA DE ARMAND PILÓN
(Professora de Piano de Cardona-Soriano Uruguay)

AGRADECIMENTO

A TODOS OS PROFESSORES DO BRASIL, PORTUGAL, URUGUAI E VENEZUELA, QUE ADOTAM MINHAS OBRAS, O AGRADECIMENTO MAIS SINCERO POSSÍVEL NO CORAÇÃO DE UM COLEGA.

MÁRIO MASCARENHAS

RIO, 15-8-1979

Arrorró Mi Niño
(Canção de Ninar)

FOLCLORE ARGENTINO

Rosinha do Meio

Folclore Português

Boi da cara Preta
Canção de Ninar

FOLCLORE BRASILEIRO

Boi, boi, boi!
Boi da cara preta
Vem pegar o nenén
Que tem medo de careta.

Não, não, não
Não pega ele não.
Ele é bonitinho
Ele chora, coitadinho!

Vira, Virô!

Música para Festas

Você gosta de mim, Ceci

FOLCLORE BRASILEIRO

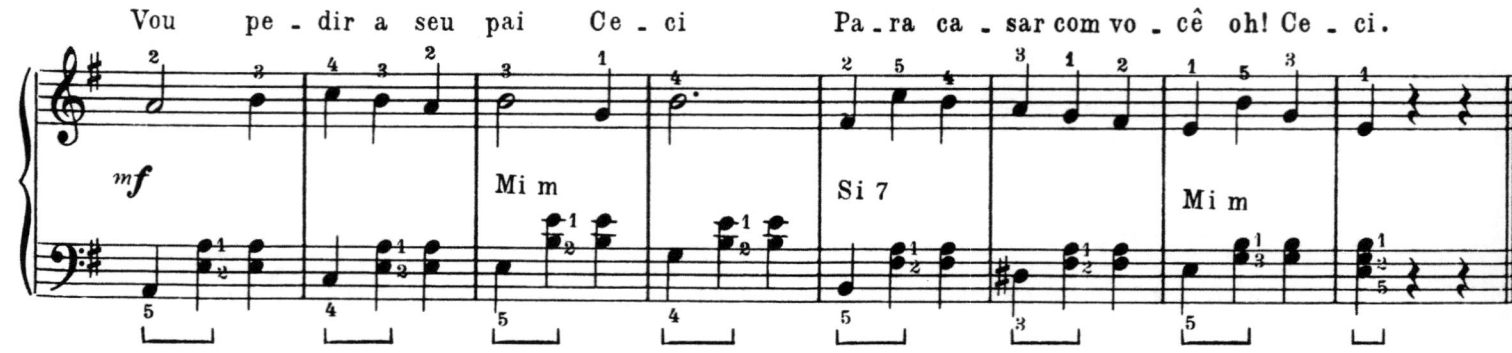

Tia ia Tia

FOLCLORE ESPANHOL

Marine's Hymn
(HINO DOS FUZILEIROS NAVAIS)

TRADICIONAL

Star Spangled Banner

JOHN STAFFORD SMITH

The Last Rose of Summer

FOLCLORE AMERICANO

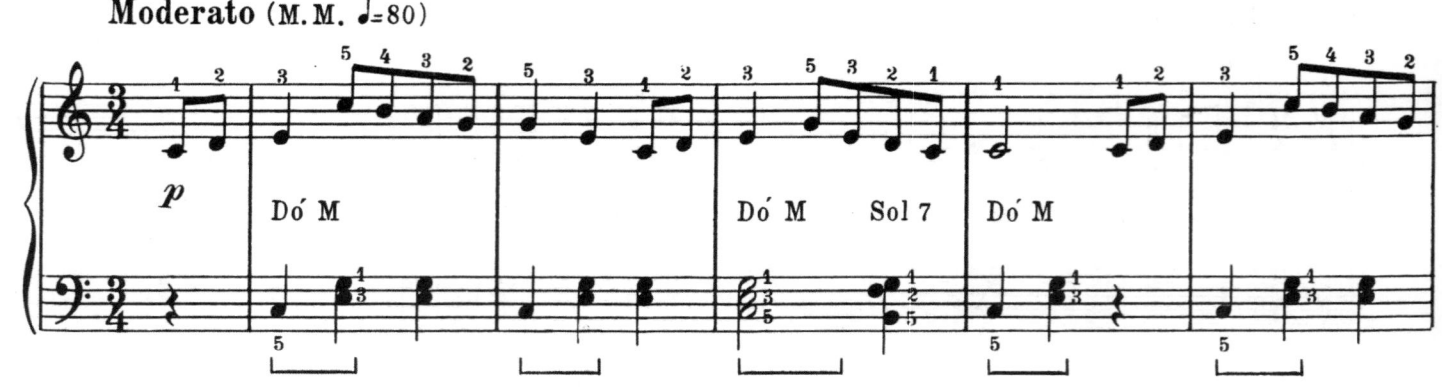

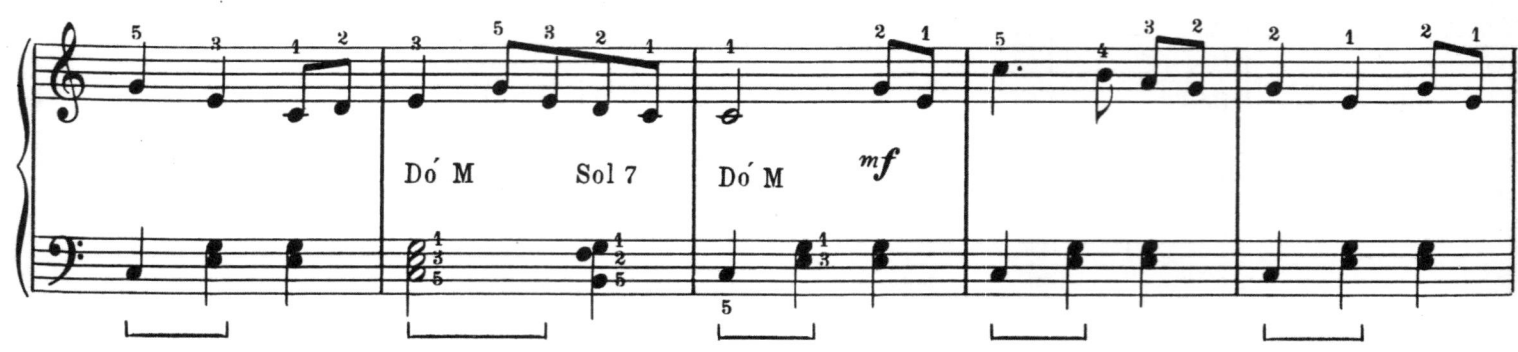

Love's Old Sweet Song

J. L. MOLLOY

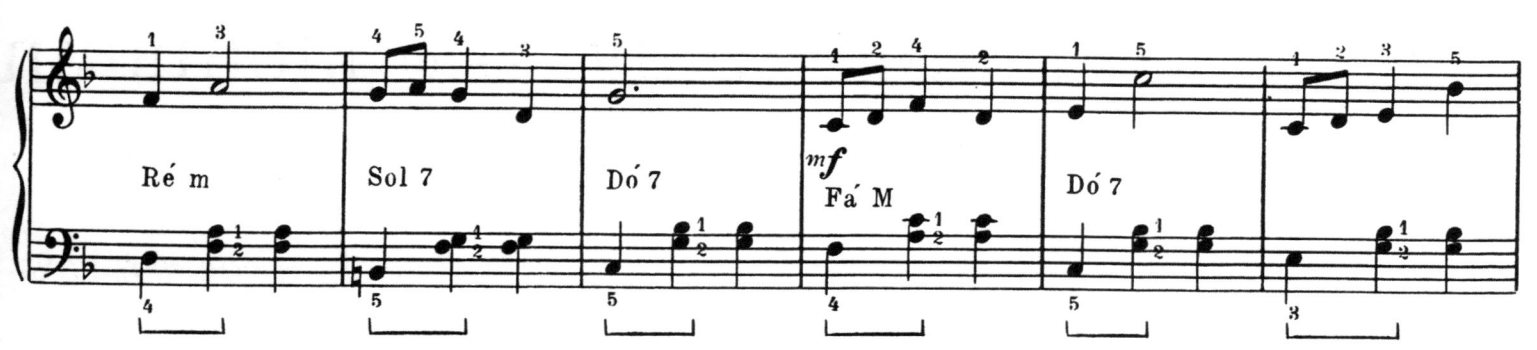
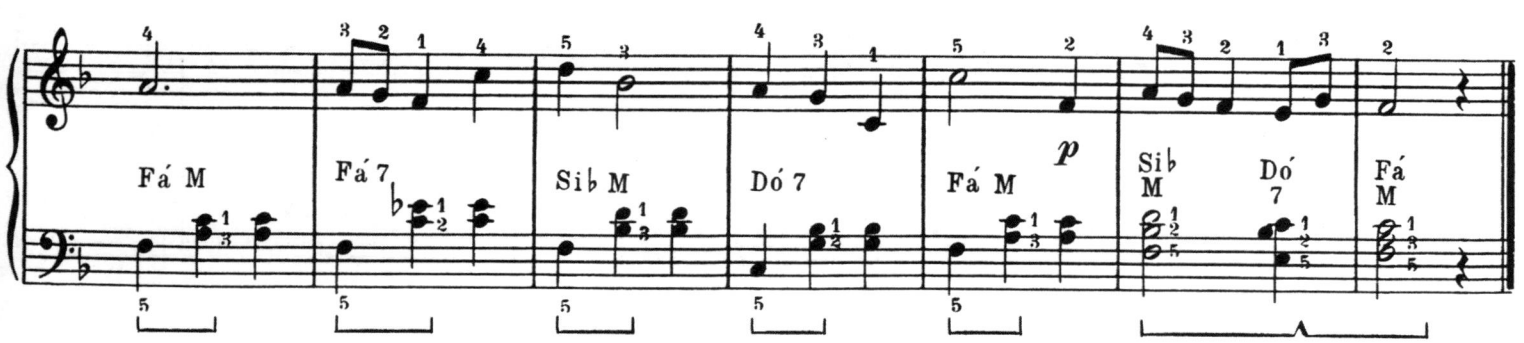

Oh! My Darling Clementine

FOLCLORE AMERICANO

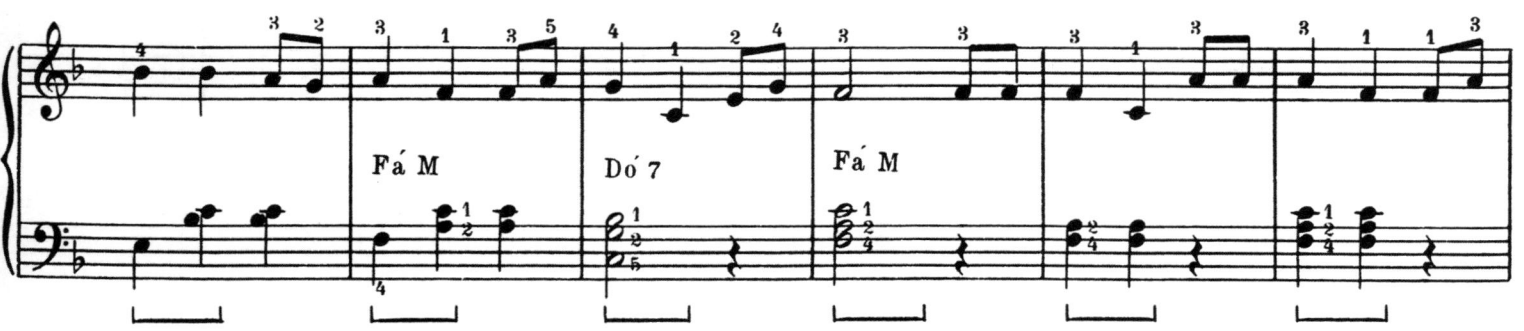
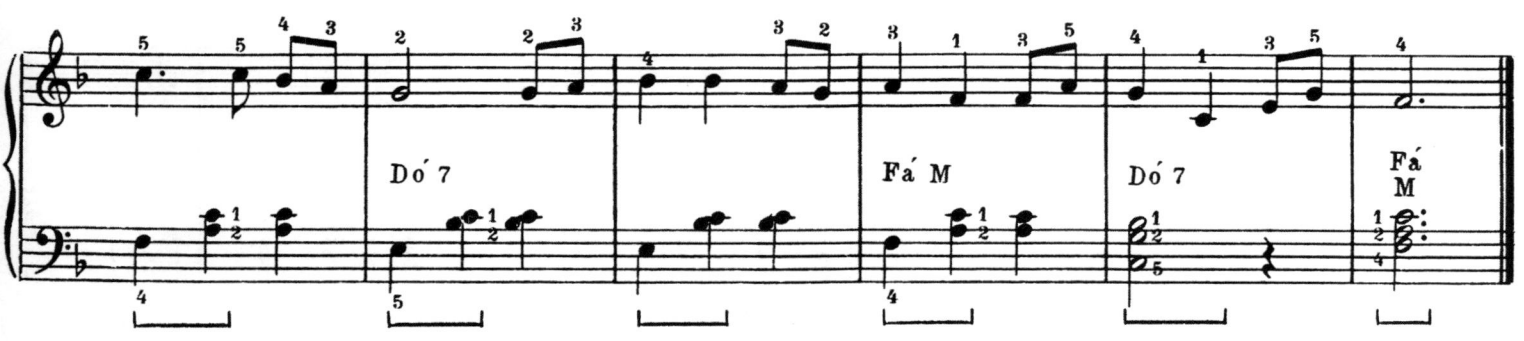

She'll be coming round the Mountain

COW BOY SONG

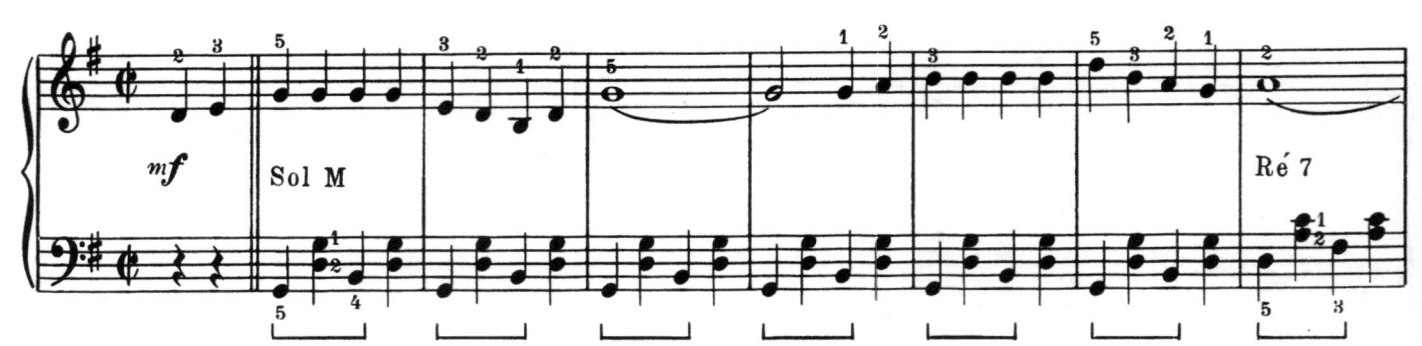
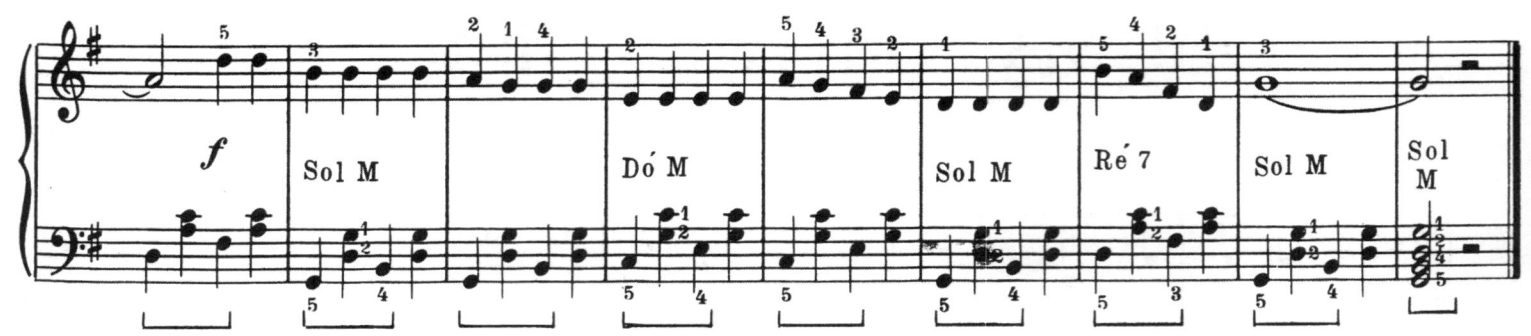

America

HENRY CAREY

Aloha Oe

Canção do Hawai

Red River Valley
(O Vale do Rio Vermelho)

Folclore Americano

Moderato (M.M. ♩=92)

Mazurca de Aninha

FOLCLORE TCHECO

Valsa do Imperador

J. STRAUSS

Refrain Vienense

Cançao Popular Vienense

Home Sweet Home

Folclore Americano

I'll take you home again, Kathleen

THOMAS P. WESTENDORF

Home on the Range

Folclore Americano

El Sauzal
(O Salgueiral)

FOLCLORE COLOMBIANO

Cuando era joven, nunca me olvido,
Vivia siempre junto a un sauzal.
Entre sus ramas colgaba un nido
Y alli cantaba siempre un turpial

La linda niña que alli vivia
Entusiasmada de aquel turpial
Contenta siempre me repetia:
Ay! quien pudiera asi cantar.

N.B. – *SAUZAL, salgueiro, árvore e TURPIAL, nome de um pássaro.*

Believe Me If All Those Endearing Young Charms

Melodia Irish

Tiefes Lied

Canção Russa

Hatikwoh
(A Esperança)

CANÇÃO NACIONAL JUDIA

Hino dos Guerrilheiros Judeus
Partizan Hymn

CANÇÃO DE ISRAEL

Turkey in the straw

Peru na Palha

(PEQUENO JAZZ)

Folclore Americano

Allegro (M.M. ♩=144)

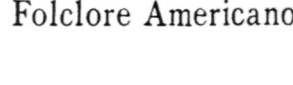

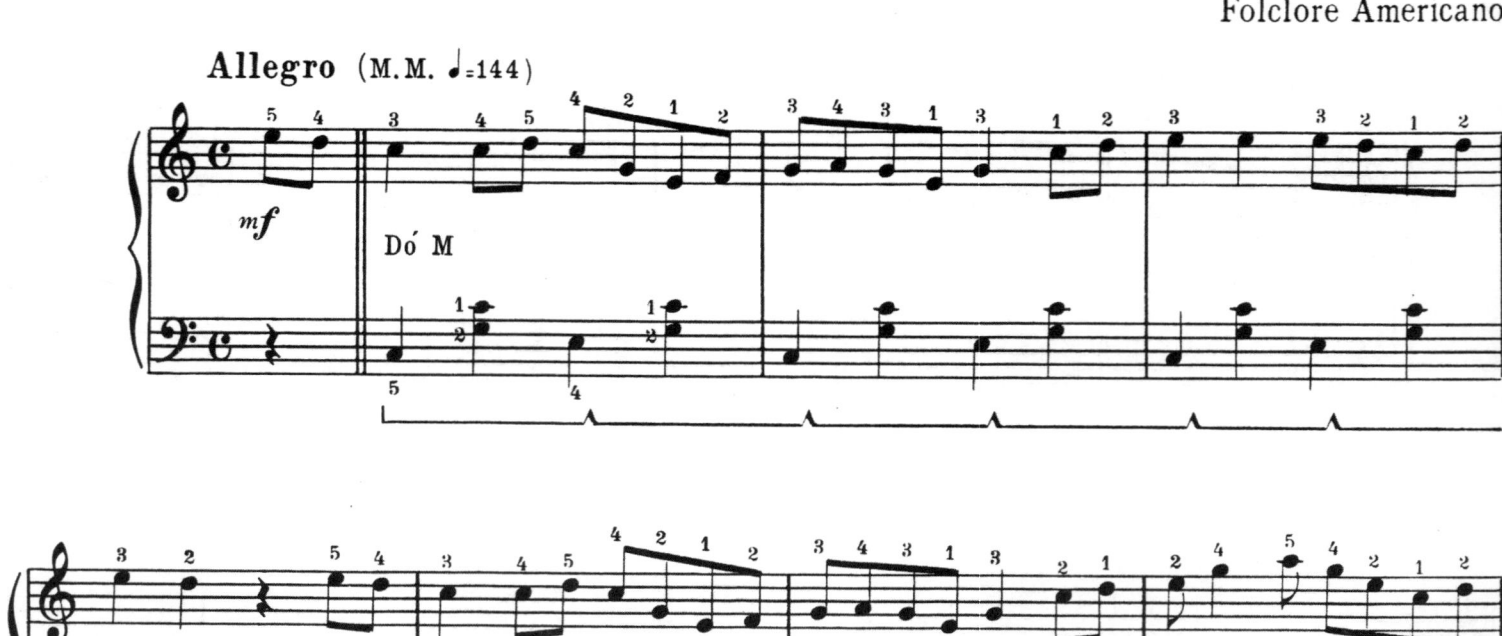

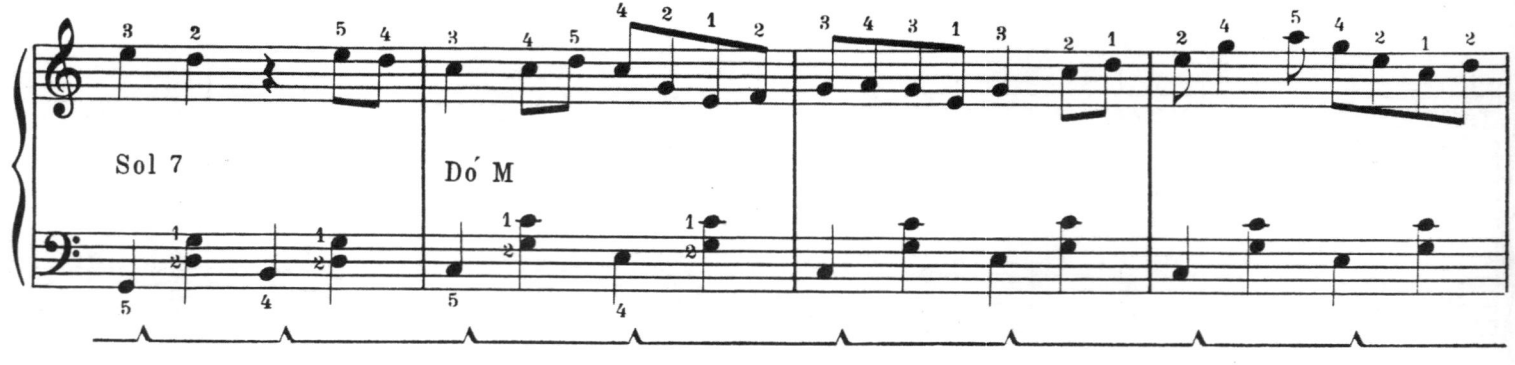

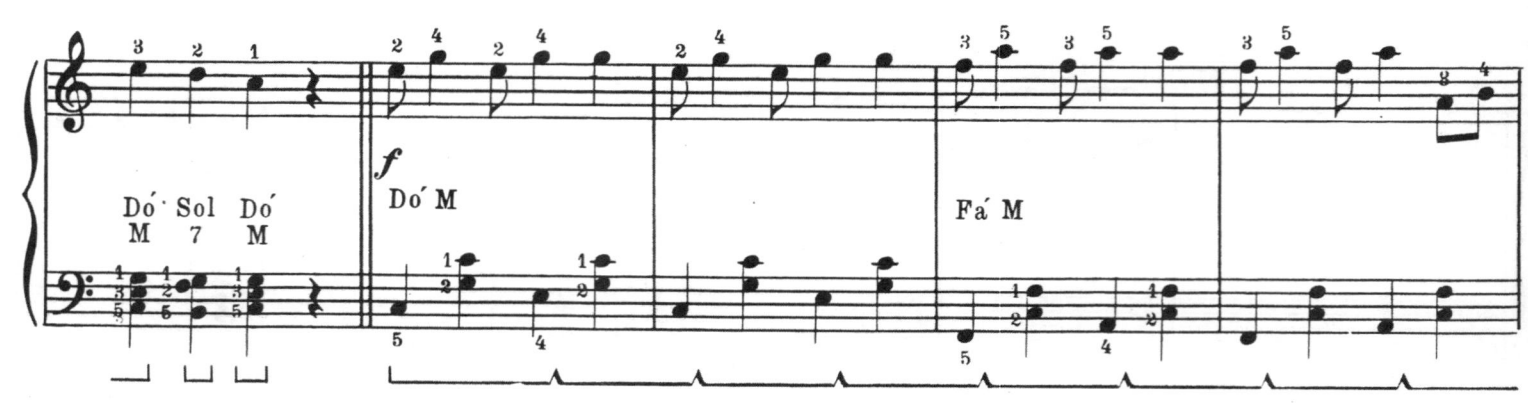

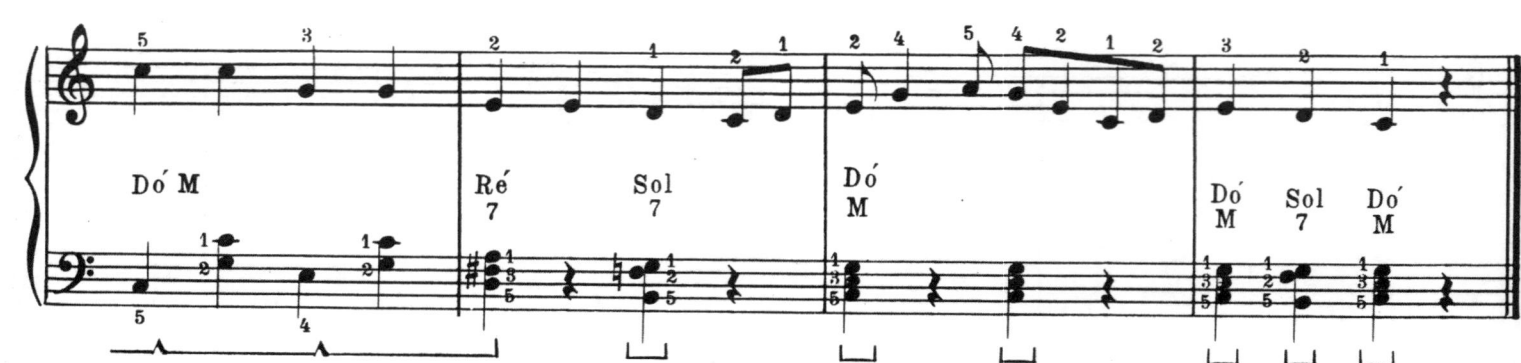

Nozani-ná

Da Tribu Parecis

FOLCLORE INDÍGENA

Moderato (M.M. ♩=72)

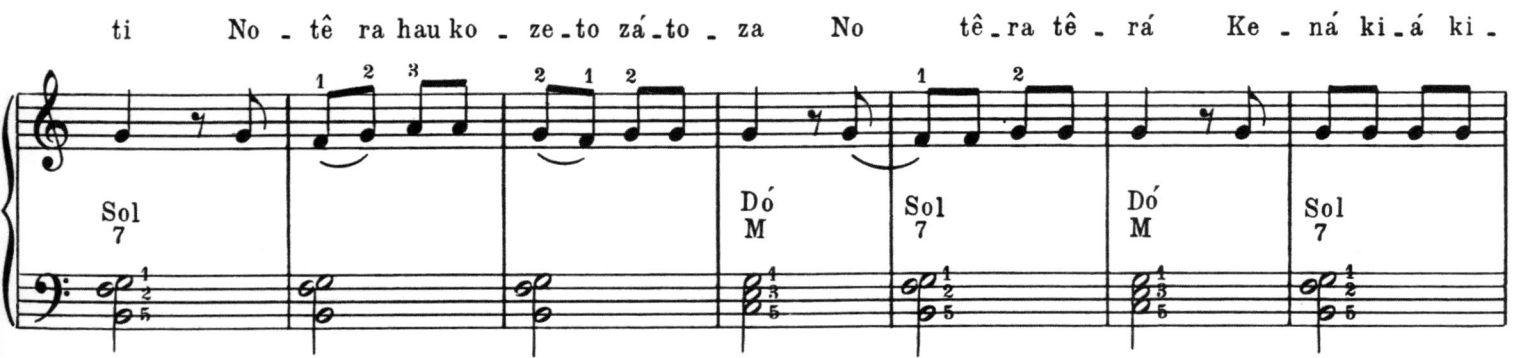

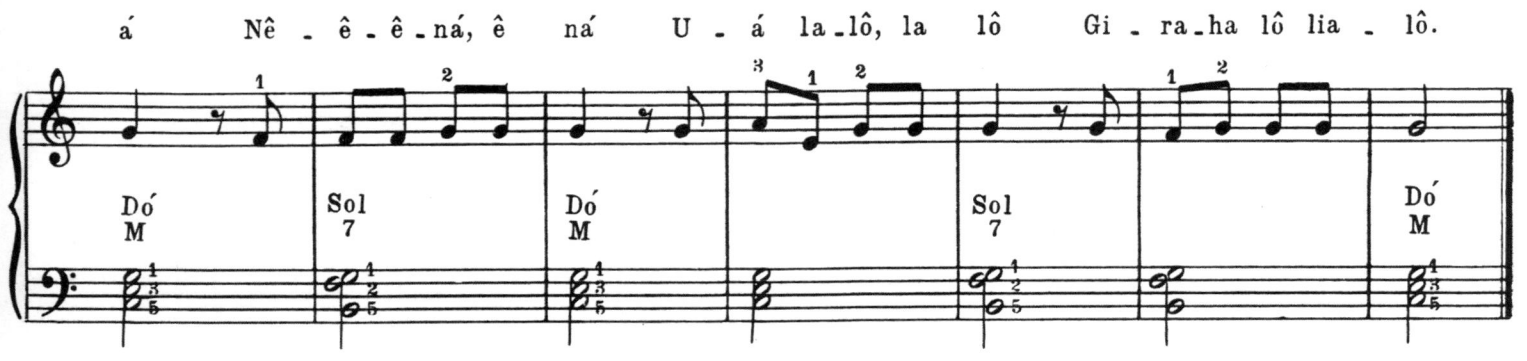

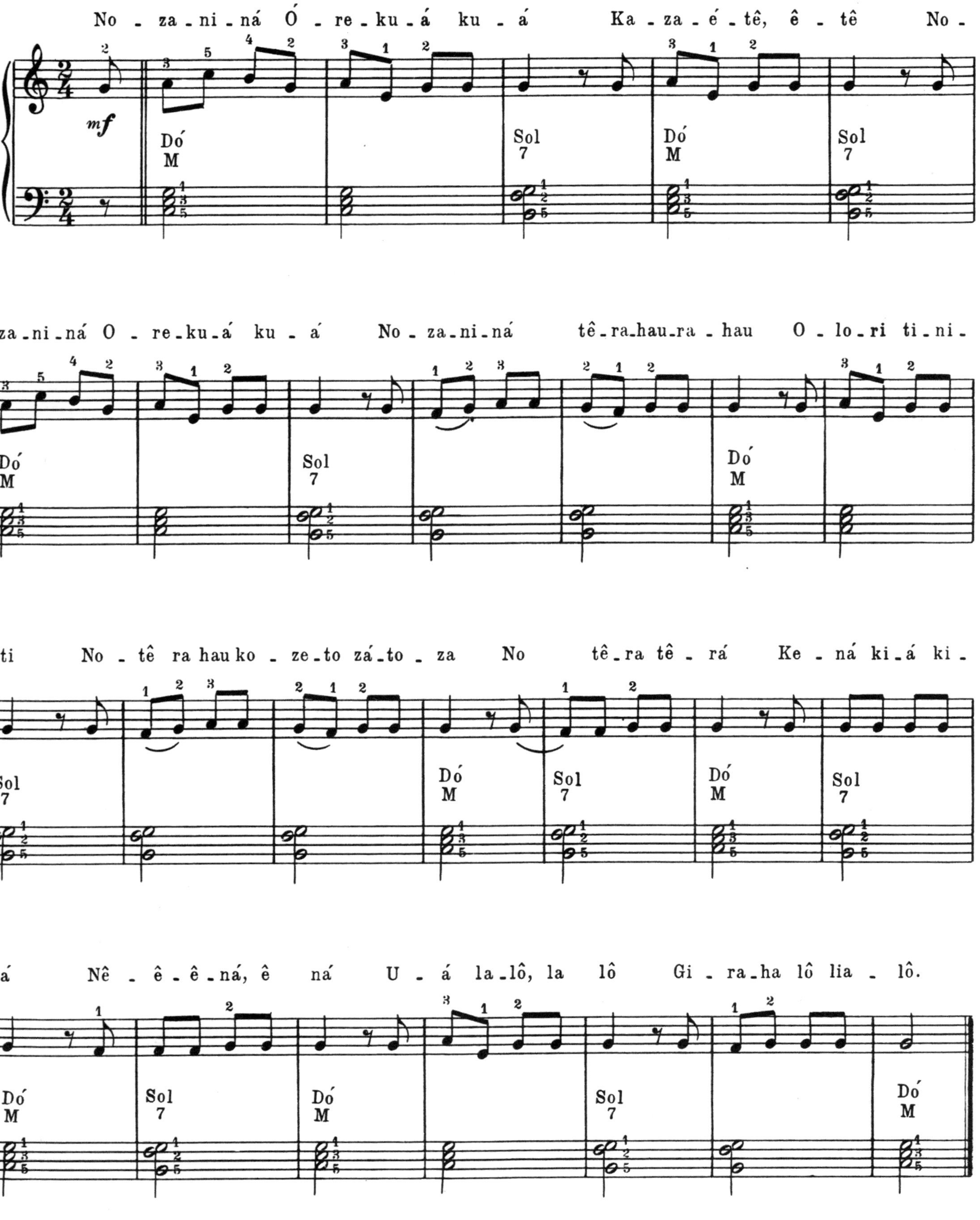

Juanita

CANÇÃO AMERICANA

Moderato (M.M. ♩=105)

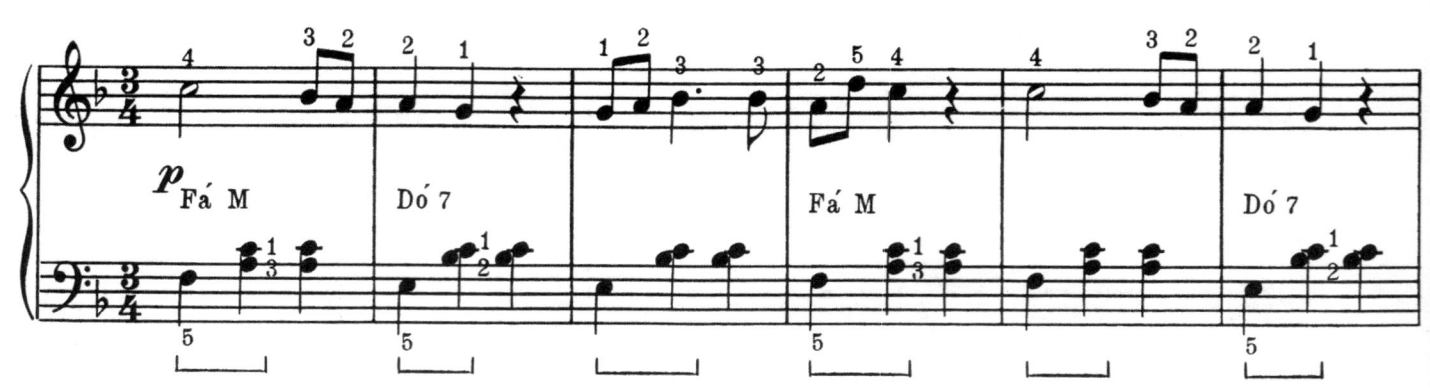

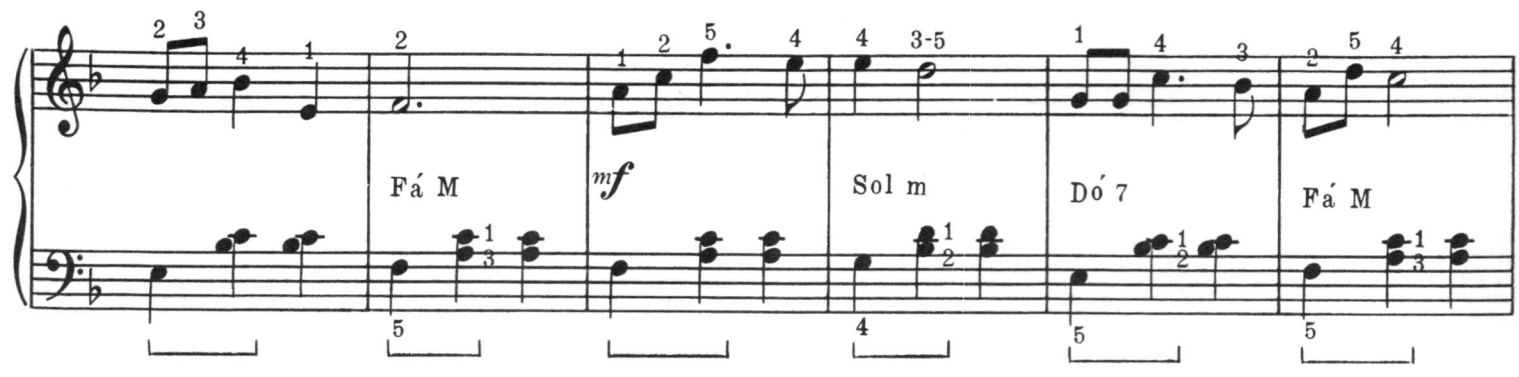

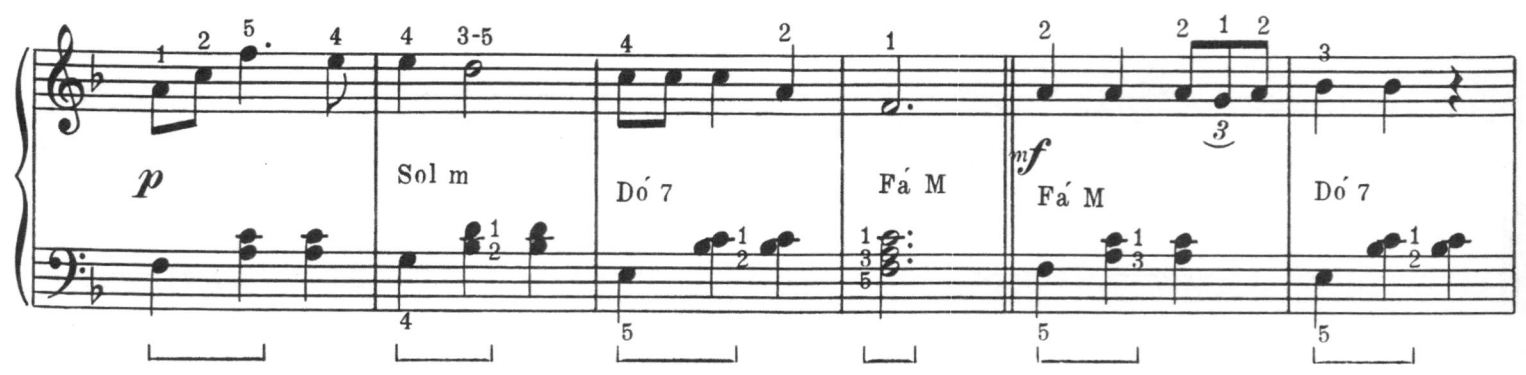

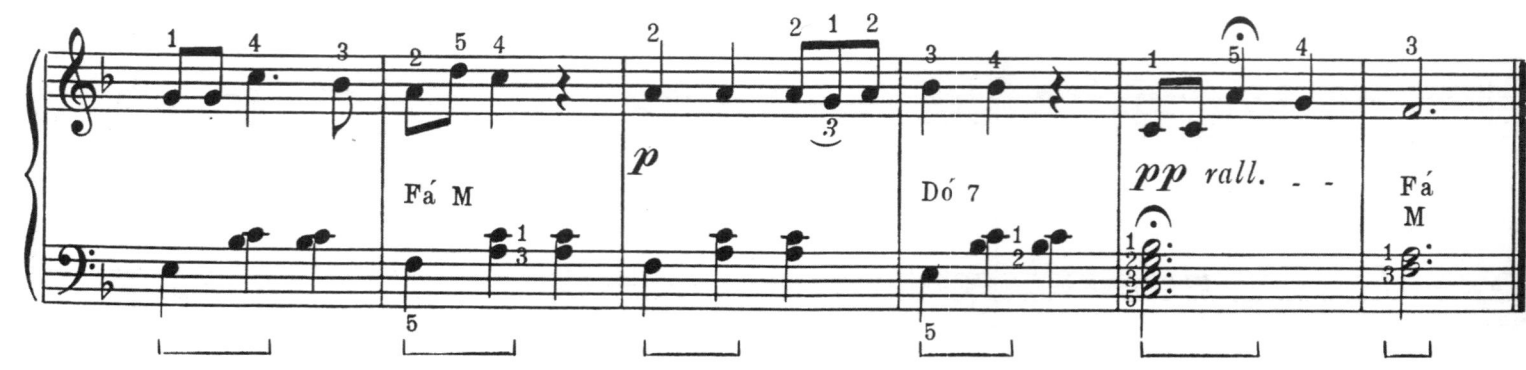

Engenho Novo
côco

FOLCLORE BRASILEIRO

Estribilho:

bis { Engenho Novo, Engenho Novo
Engenho Novo bota a roda prá roda

1º

bis { Eu dei um pulo, dei dois pulos
Dei três pulos
Desta vez pulei o muro
Quase morro de pular.

2º

bis { Capim de planta
Xique, xique mela-mela
Eu passei pela capela
Vi dois padres no altar.

Valse

WILHELM FRIEDRICH BACH
(Filho de J. S. Bach)

Greensleeves
Música Barroca

Anônimo Século XVIII

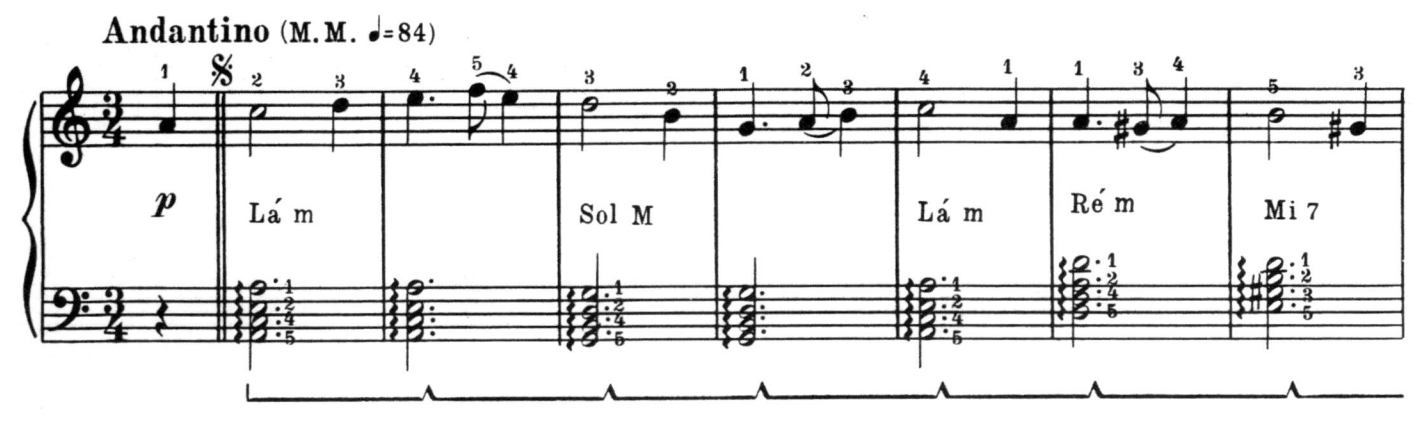

Barqueiros do Volga

Canção Russa

Noites de Moscow

FOLCLORE RUSSO

Old Folks at Home
(Canção Americana)

STEPHEN FOSTER

El Pericón

Dança Argentina

Vivace (M.M. ♩=160)

Londonderry
(Balada de Londres)

FOLCLORE IRLANDÊS

Those Were The Days

FOLCLORE RUSSO

Valsa de Troika

FOLCLORE RUSSO

Vida Vienense
Valsa

J. STRAUSS

Mangerico

FOLCLORE PORTUGUÊS

Mangerico, ó Mangerico,
Se te vais embora eu aqui não fico.
Mangerico, ó meu Mangerico,
Se te vais embora eu aqui não fico.

Mangerico, meu Mangericão,
Se te vais embora dá-me a tua mão.
Mangerico, meu Mangericão,
Se te vais embora dá-me a tua mão.

Nhapopé

TOADA

Folclore Brasileiro

Andante (M.M. ♩=76)

La Donna e Mobile
(Rigoleto)

G. VERDI

Moderato (M.M. ♩=100)

Fausto
VALSA

CHARLES GOUNOD

Allegro

JOSEPH HAYDN

Sainte Catherine
(Rigaudon)

JONH BARRETT
(*1700*)

BIFE

DE LULLI

Allegro (M.M. ♩.=72)

Sol 7
Dó M
Sol 7
Dó M
Sol 7
Dó M
Sol 7
Dó M
Sol 7
Dó M
glissando
Sol 7
glissando
Dó M
glissando
Sol 7
Dó M
glissando
Sol 7
glissando
Dó M
D.C. até FIM

Meu Limão, meu Limoeiro

TOADA

FOLCLORE BRASILEIRO

Estribilho:

Meu limão, meu limoeiro
Meu pé de jacarandá
Uma vez tindolelê
Outra vez tindolalá

Morena, minha Morena,
Corpo de linha torcida
Queira Deus você não seja
Perdição de minha vida.

Morena, Morena

TOADA

FOLCLORE DO PARANÁ

Moderato (M.M. ♩=63)

Com ternura

Estribilho

Bis { Morena, Morena
Teus olhos castanhos
Teus olhos brilhantes
São dois diamantes

Bis { Morena, Morena,
Morena, Morena,
Morena, Morena,
Tem pena de mim!

Quando a caravana passa

(Peça característica)

Música de MÁRIO MASCARENHAS

57

Il Bacio

ARDITI

Lá M
f Mi 7
Lá M
Mi 7
Lá M
rall.
Mi 7
Lá 7
a tempo
mf Ré M
Lá 7
Ré M
Ré# dm.
Mi m
Sol m
Ré M
Lá 7
Ré M
Lá 7
Ré M

A Pastora e o Senhor

(MÚSICA MEDIEVAL)

Anônimo Século XIII

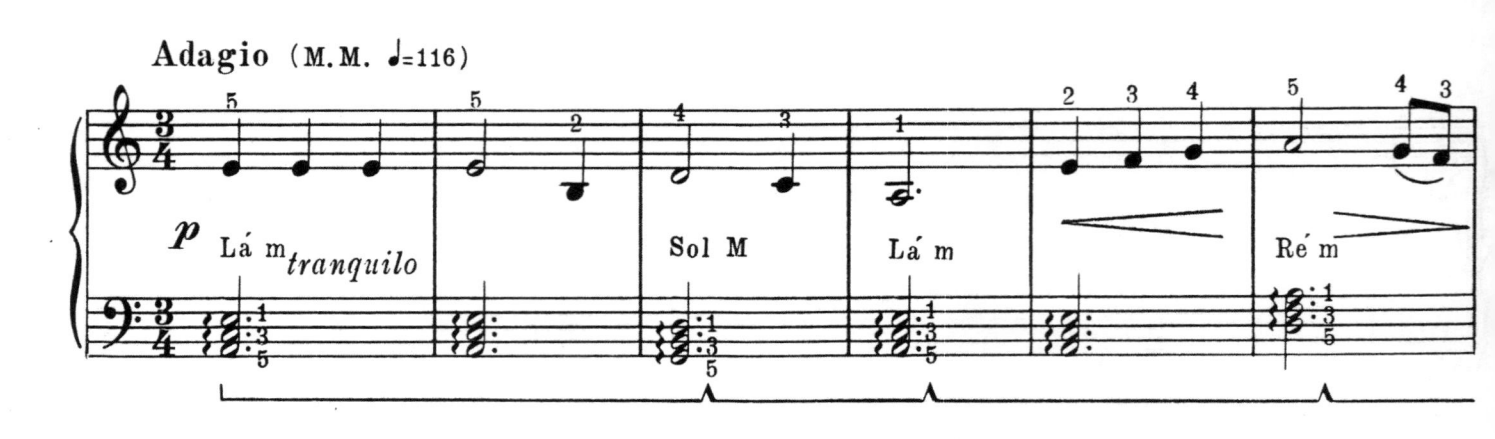

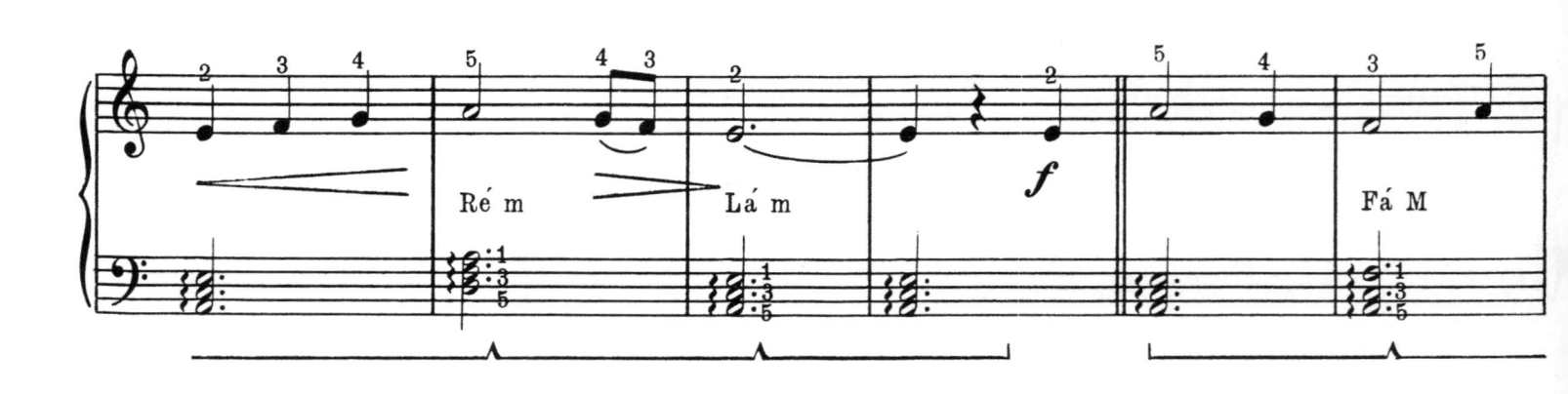

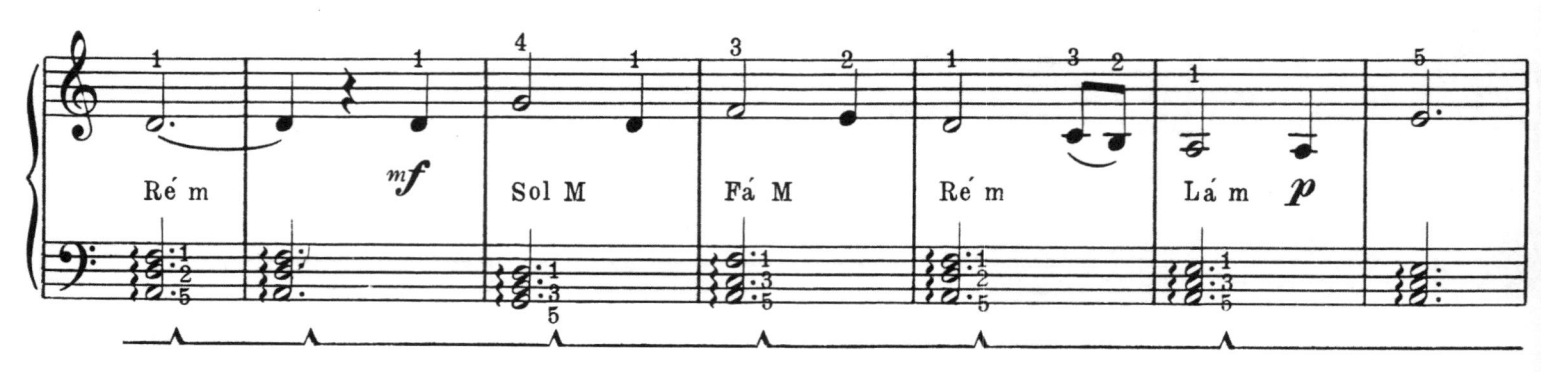

Sol M
Lá m
mf
Lá m
Sol M
Lá m
Ré m
Lá m
Sol M
Lá m
Ré m
Lá m
f
Lá m
Fá M
Ré m
mf
Sol M
Fá M
Ré m
Lá m
p
diminuindo
Sol M
Lá m

La Viennoise

VALSE - Opus 54

H. VAN GAEL

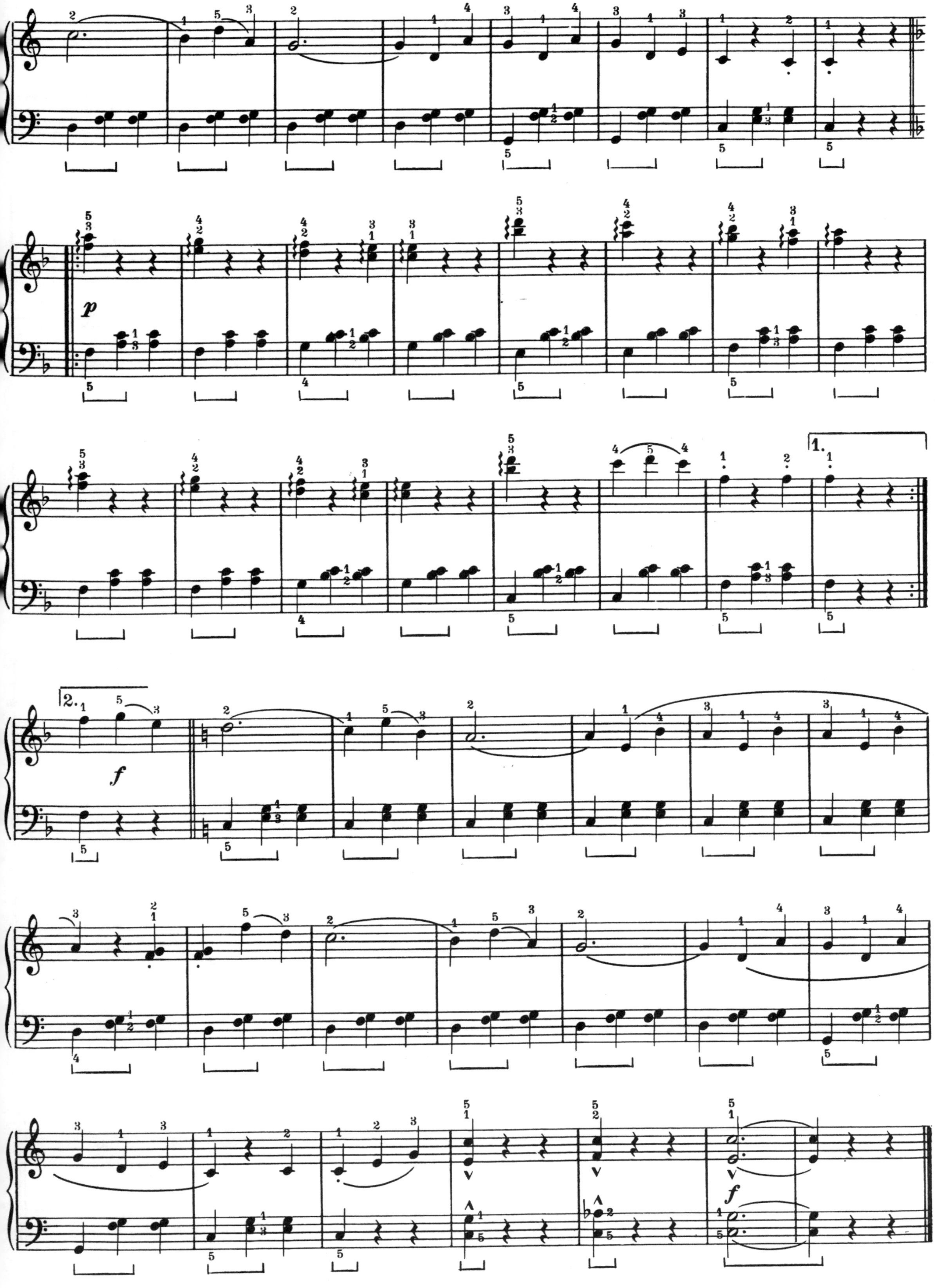

Plaisir D'Amour

G. MARTINI

Valsette nº 5
Opus 18

FRANZ SCHUBERT

Caro Nome
(Rigoleto)

G. VERDI

Dança dos Pequenos Cisnes

Pas de Quatre de "O LAGO DOS CISNES"

P. TCHAIKOWSKY

Toada Sertaneja

MÁRIO MASCARENHAS

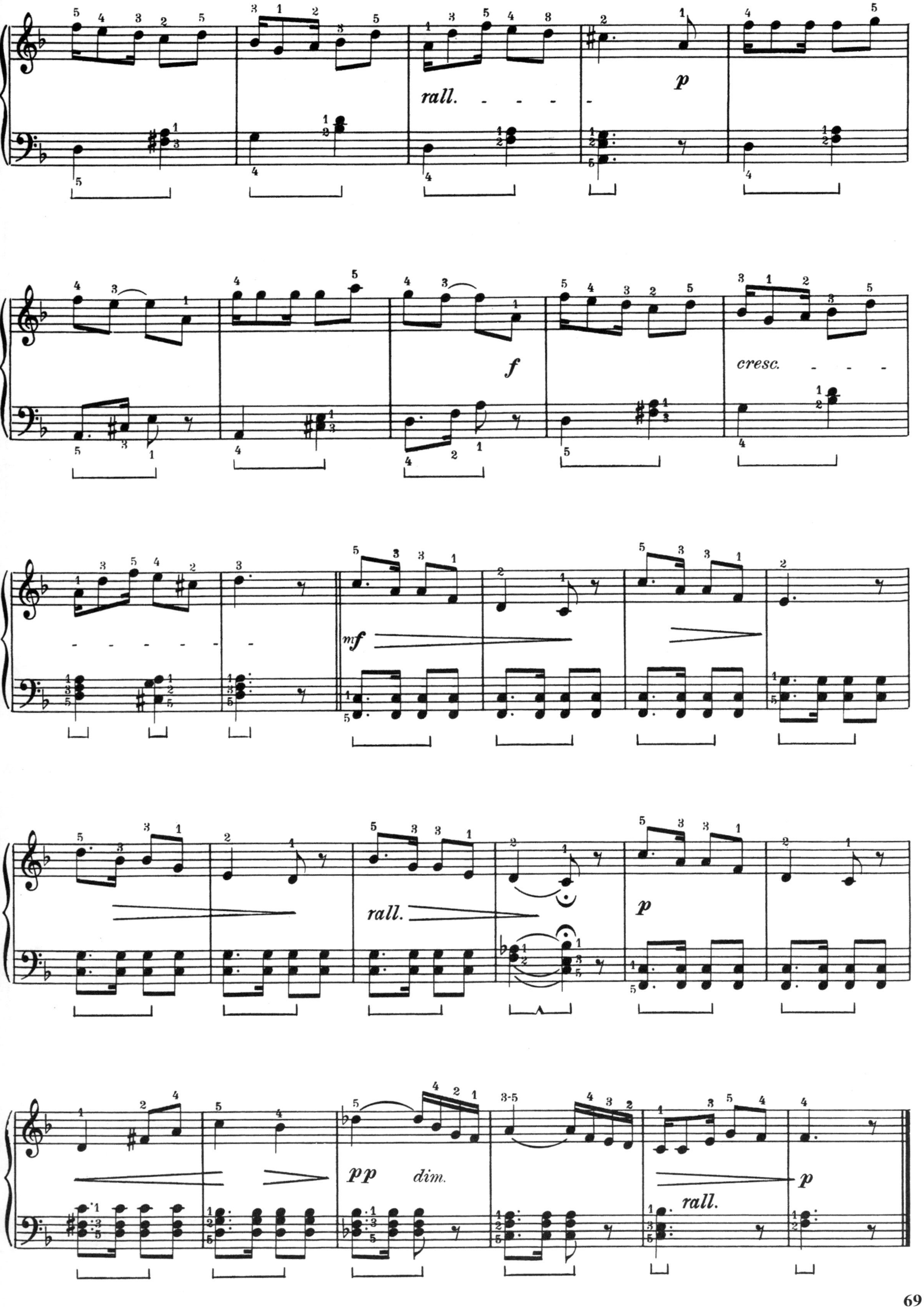
rall.
p
f
cresc.
mf
rall.
p
pp
dim.
rall.
p

O Morcego
VALSA

J. STRAUSS

Dó M
Sol 7
Dó M
Dó 7
Fá M
Dó 7
Fa M
f
Dó 7
Fá M
mf
Ré m
Dó M
rall
Sol 7
Dó M
a tempo
Dó M
Ré m
mf
Dó M
Sol 7
Dó M
Sol 7
Dó M
f
Sol 7
Dó M

Tiroliro
(Solidó de Trás-os-Montes)

FOLCLORE PORTUGUÊS

-Estribilho-

Bis { Lá em cima está o Tiro-liro-liro
      Lá em baixo está o Tiro-liro-ló.

Bis { Juntaram-se os dois na esquina
      A tocar a concertina a dançar o solidó.

-I-

Bis { Comadre minha comadre
      Ai, eu gosto da sua pequena

Bis { É bonita apresenta-se bem
      E parece que tem uma face morena.

-II-

Bis { Comadre minha comadre
      Ai, eu gosto da sua afilhada

Bis { É bonita apresenta-se bem
      E parece que tem uma face rosada.

Sururú na Cidade
Choro

ZEQUINHA ABREU

Ré 7
Sol M
Ré 7
Sol M
Ré 7
Sol M
Lá m
Sol M
Lá 7
Ré 7
Sol M
Mi M
Si 7
Mi M
Fá♯m
Mi M
Si 7
Mi M
Ao 𝄋
ao Fim

Modinha

MÁRIO MASCARENHAS

Andantino (M.M. ♩=76)

dolente

mf *seresteiro*

rall.

p a tempo

rall.

f

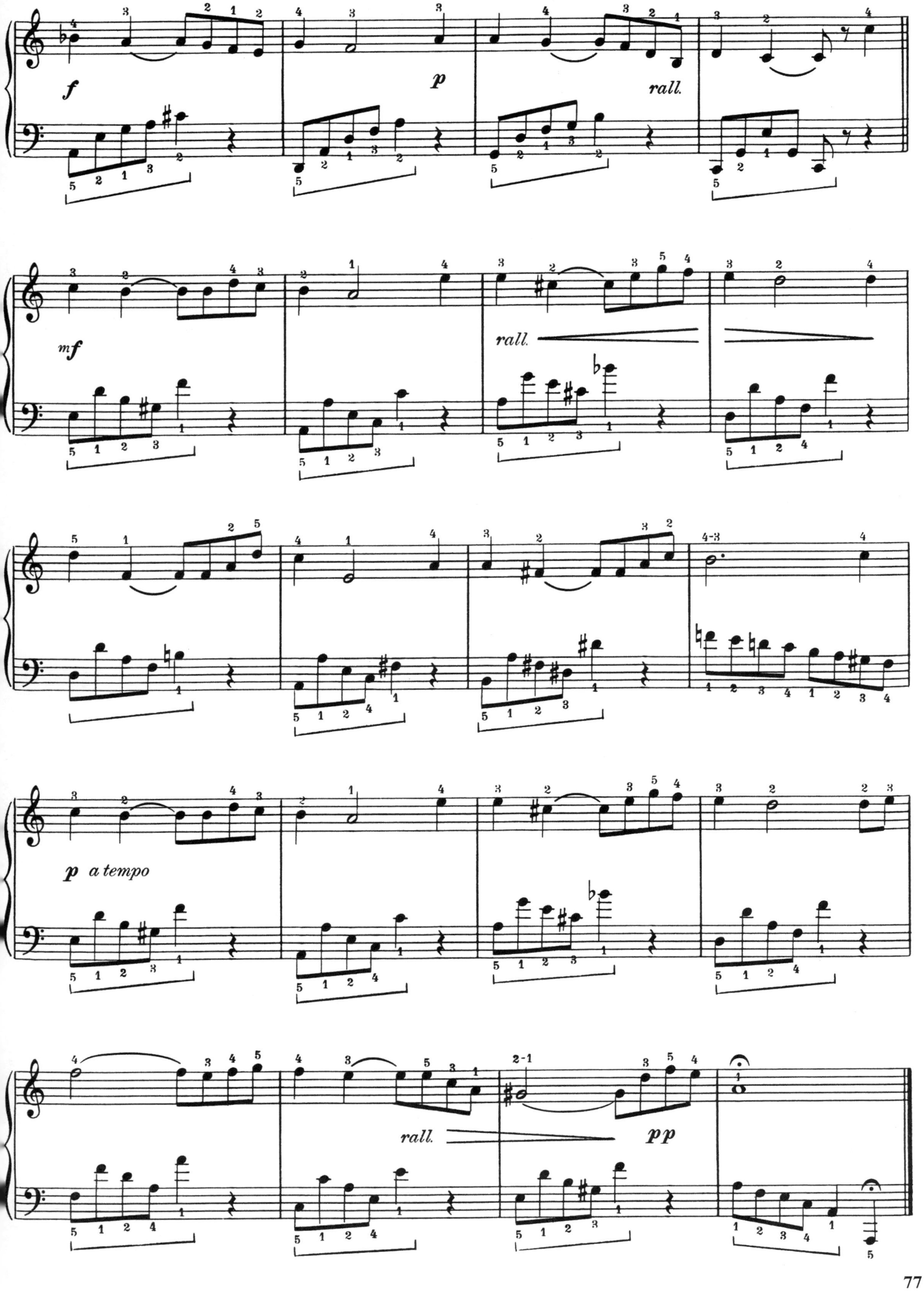
f
p
rall.
mf
rall.
p a tempo
rall.
pp

Roseas Flores d'Alvorada
(Modinha Imperial)

Bis { Roseas flores d'alvorada,
      Teus perfumes me causam dor...

Bis { Essa imagem que recordas
      É meu puro e santo amor...

Bis { Ai quem respira
      Os teus odores
      Fenece triste
      Morre de amores.

Uma Viagem a Portugal
Seleção de Músicas Regionais

FADO
Allegro

FOLCLORE PORTUGUÊS

Ó ROSA ARREDONDA A SÁIA

Ro-sa ar-re-don-da a sa-ia Ó Ro-sa ar-re-don-da bem Ó Ro-sa ar-re-don-da a sa-ia O-lha a ro-da que e-la tem O-lha a ro-da que e-la tem O-lha a ro-da que e-la ti-nha Ó Ro-sa ar-re-don-da a sa-ia Que fi-ca bem re-don-di-nha.

REGADINHO

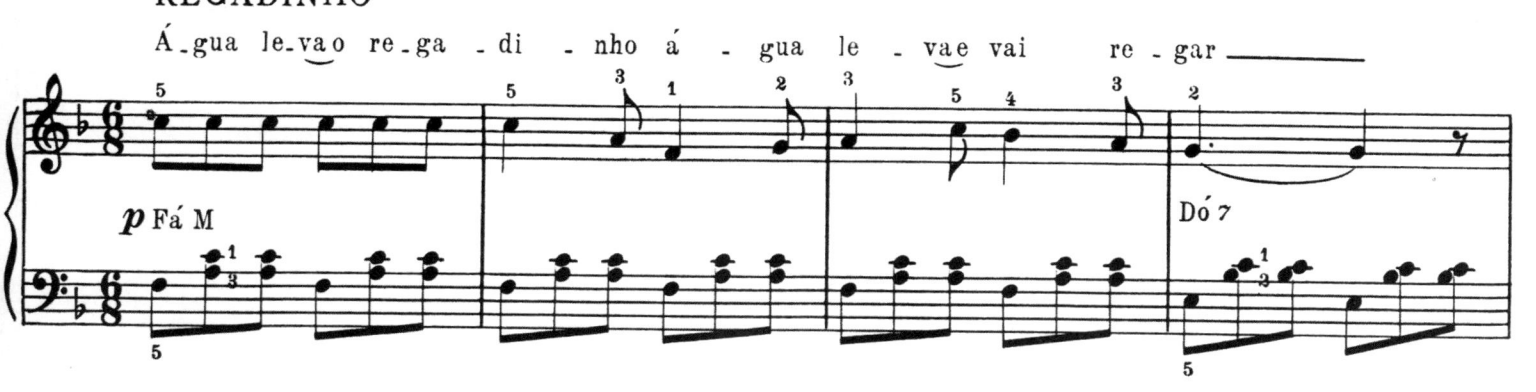

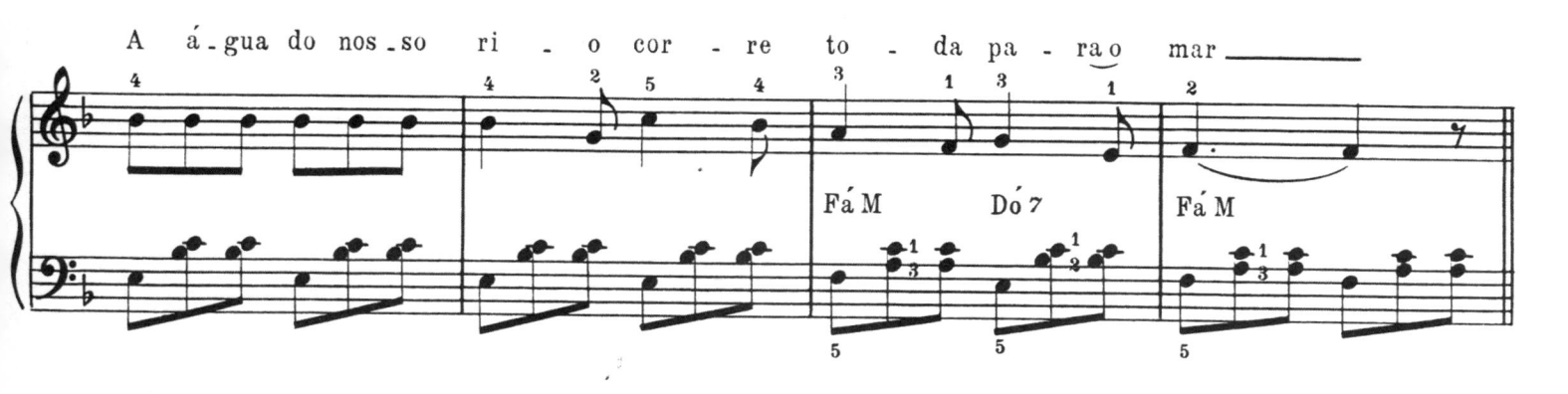

Á-gua le-va o re-ga-di-nho á-gua le-va e vai re-gar

A á-gua do nos-so ri-o cor-re to-da pa-ra o mar

Á-gua le-va o re-ga-di-nho, á-gua le-va o re-ga-dor

Á CAMINHO DE VIZEU

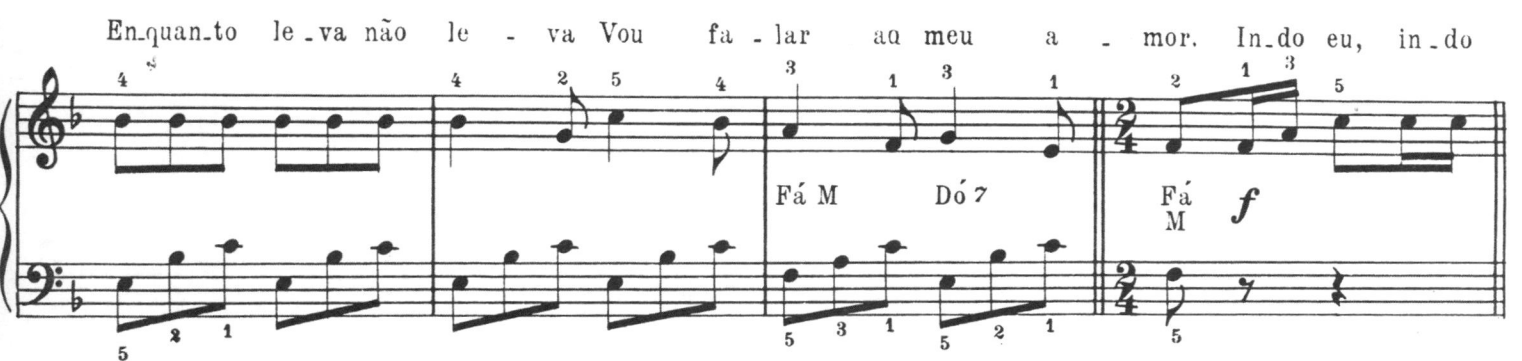

En-quan-to le-va não le-va Vou fa-lar ao meu a-mor. In-do eu, in-do eu A ca-mi-nho de Vi-zeu In-do eu, in-do eu A ca-mi-nho de Vi-zeu En-con-trei o meu a-

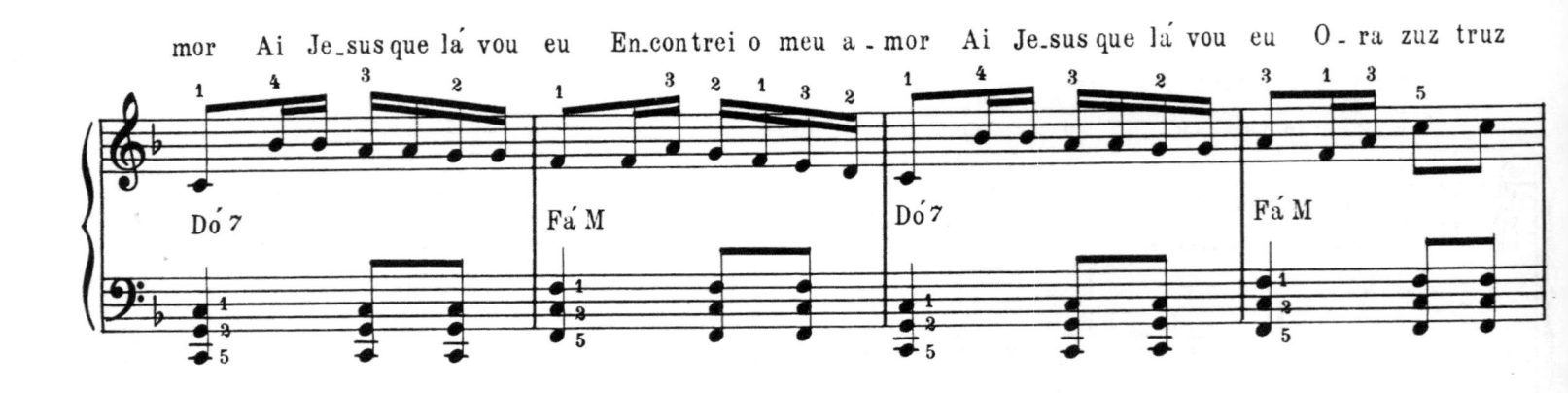

TIA ANICA DE LOULÉ

mor Ai Jesus que lá vou eu Encontrei o meu amor Ai Jesus que lá vou eu Ora zuz truz truz Ora zaz traz traz Ora zuz truz truz Ora zaz traz traz Ora chega chega chega Ora arreda lá prá traz Ora chega chega chega Ora arreda lá prá traz. Tia Anica Tia Anica Tia Anica de Loulé___ A quem deixaria ela a caixinha de rapé___ Tia A___ pé O___ lé O___ lá Esta moda não está má___ O___ lá O___ lé Tia Anica de Loulé

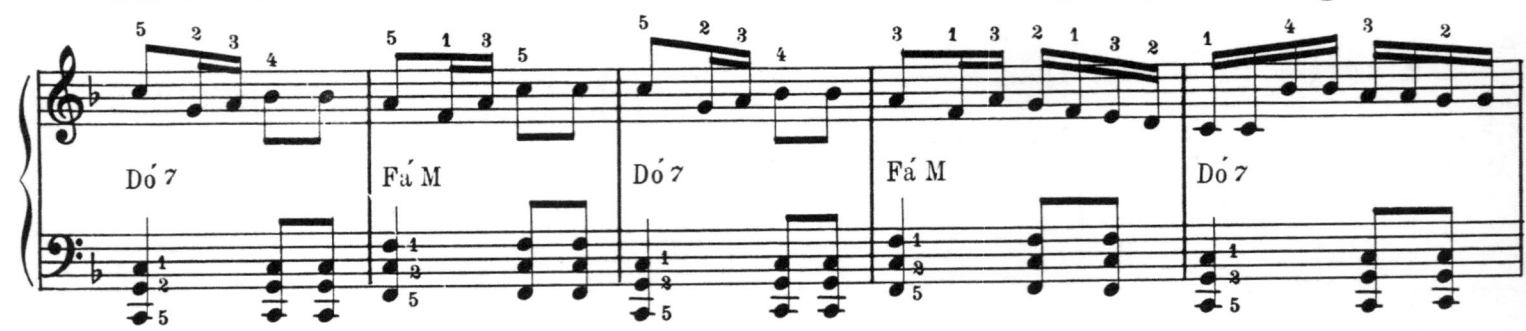

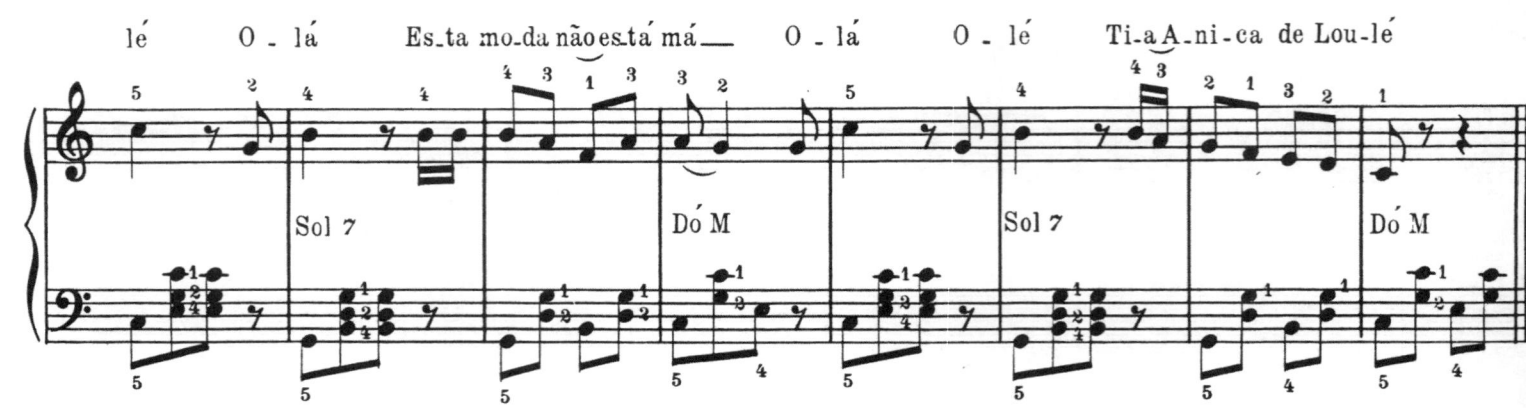

Ó MALHÃO

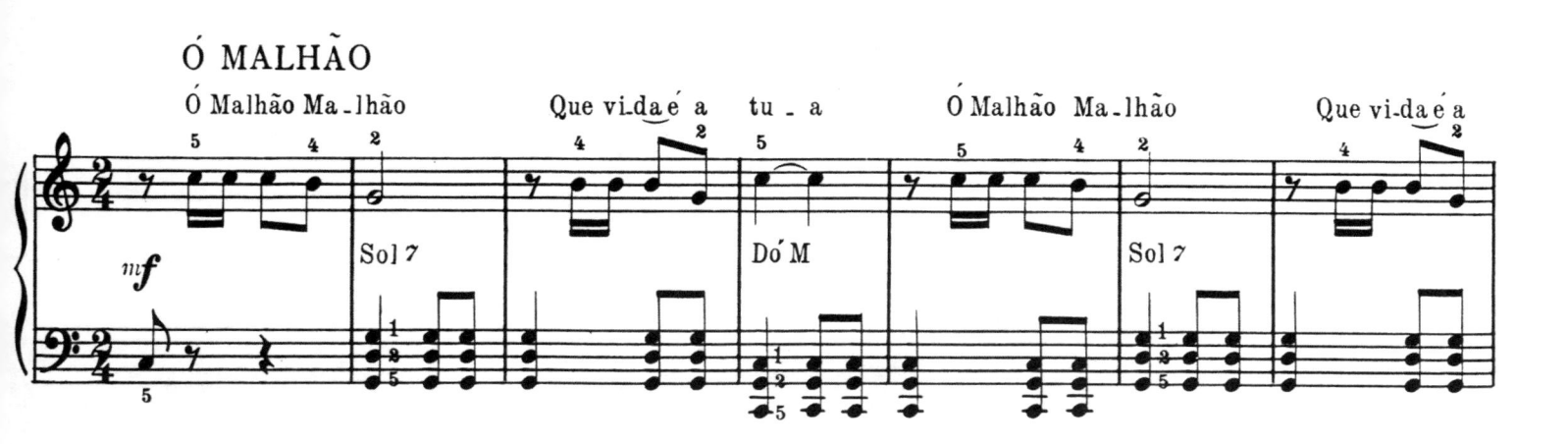

Ó Malhão Malhão / Que vida é a tua / Ó Malhão Malhão / Que vida é a tua / Comer e beber Ó tirintim tim Passear na rua / Comer e beber Ó tirintim tim Passear na rua.

VERDE GAIO

As penas do Verde Gaio / São verdes e amarelas / Vou dá-las ao meu amor / Para se enfeitar com elas / Ai do Verde Gaio toma lá dá cá / Ai do Verde Gaio dá cá toma lá / Ai do Verde Gaio toma lá dá cá / Ai do Verde Gaio dá cá toma lá.

Preludio nº 4

EM SOL MENOR

MÁRIO MASCARENHAS

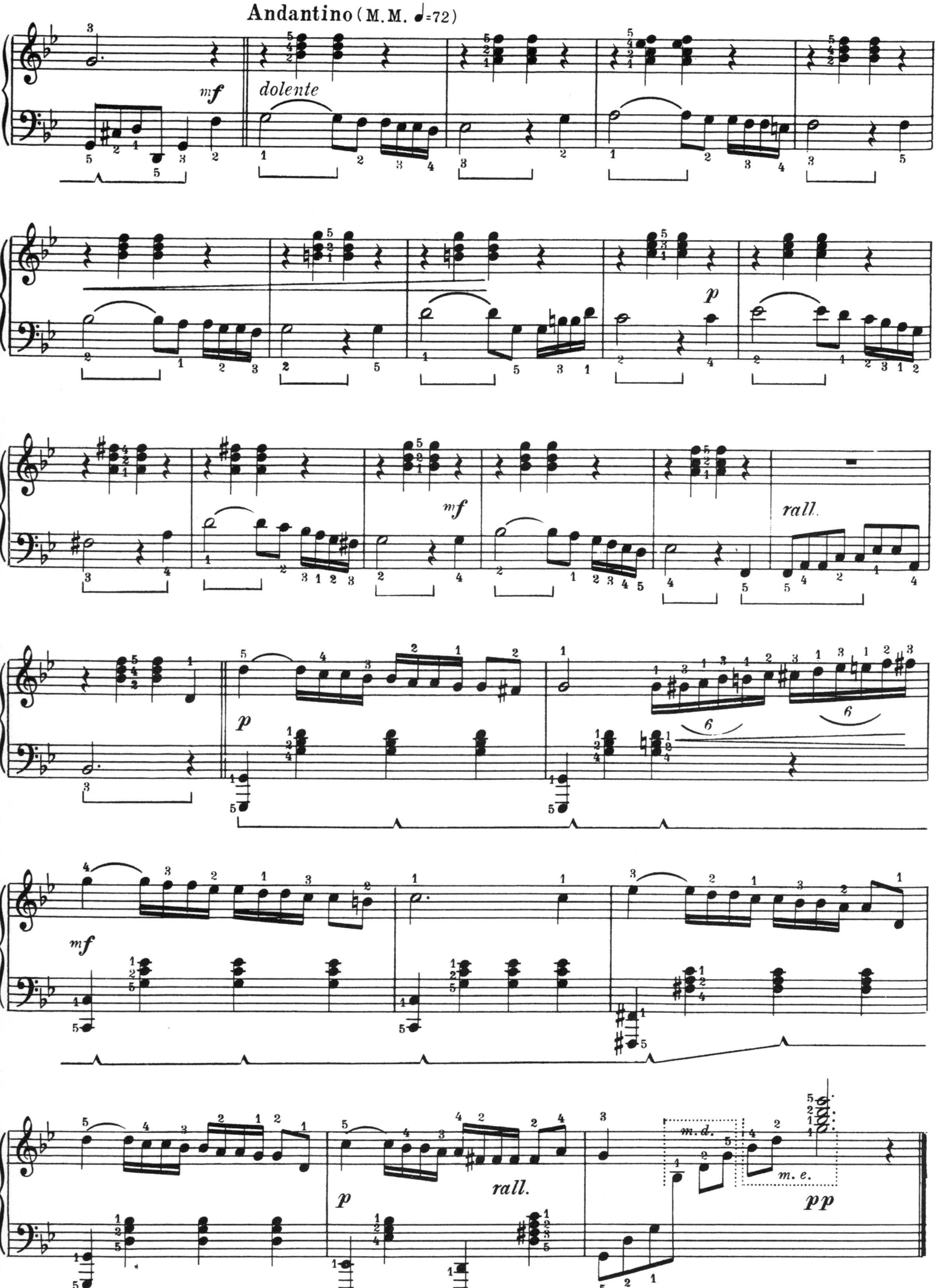
Andantino (M.M. ♩=72)
mf
dolente
p
mf
rall.
p
mf
p
rall.
m.d.
m.e.
pp

Coreto de Diamantina

FOLCLORE DE DIAMANTINA

Lento (M.M. ♩=52)

Zum zum zum Lá no me_io do mar zum zum zum Lá no me_io do mar É o
ven_to que nos a_tra_sa É o mar que nos a_tra_pa_lha Pa_ra no por_to che_gar

Allegro (M.M. ♩=184)

zum zum zum Lá no me_io do mar Tin tin tin tin tin tin ó lá lá Quem
não gos_ta dê_le de quem gos_ta_rá? Tin tin tin tin tin tin ó lá lá Quem
não gos_ta dê_le de quem gos_ta_rá? Quem não gos_ta dê_le de quem gos_ta_rá? Tin

tin tin tin tin tin ó lá lá Quem não gos_ta dê_le de quem gos_ta_rá? Tin
tin tin tin tin tin ó lá lá Quem não gos_ta dê_le de quem gos_ta_rá? Co_mo
pó_de o pei_xe vi_vo vi_ver fó_ra d'agua fri_a Co_mo pó_de o pei_xe vi_vo vi_ver fó_ra d'agua
fri_a___ Co_mo po_de_rei vi_ver___ Co_mo po_de_rei vi_
ver___ Sem a tu_a sem a tu_a sem a tu_a com_pa_nhi_a Sem a tu_a sem a
tu_a sem a tu_a com_pa_nhi_a zum zum zum Lá no me_io do mar.

TARANTELA

PAUL BEAUMONT

89

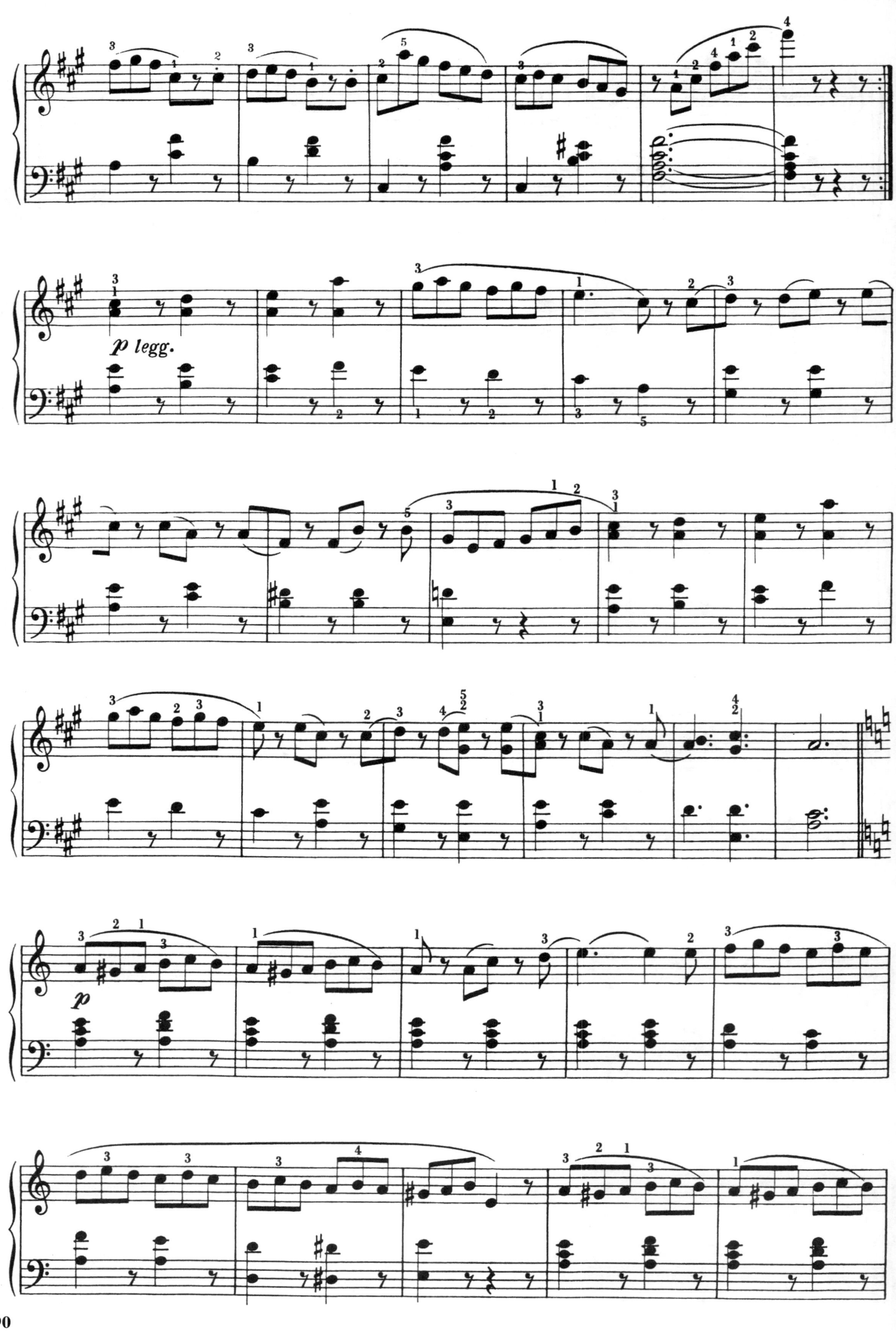
p legg.
p

91

Rondó da Sonata Patética
Opus 13

L. VAN BEETHOVEN

Allegretto da Sonata

Opus 31, nº 2

L. VAN BEETHOVEN

La voix du Cœur

Opus 51

ROMANCE SANS PAROLES

H. VAN GAEL

95

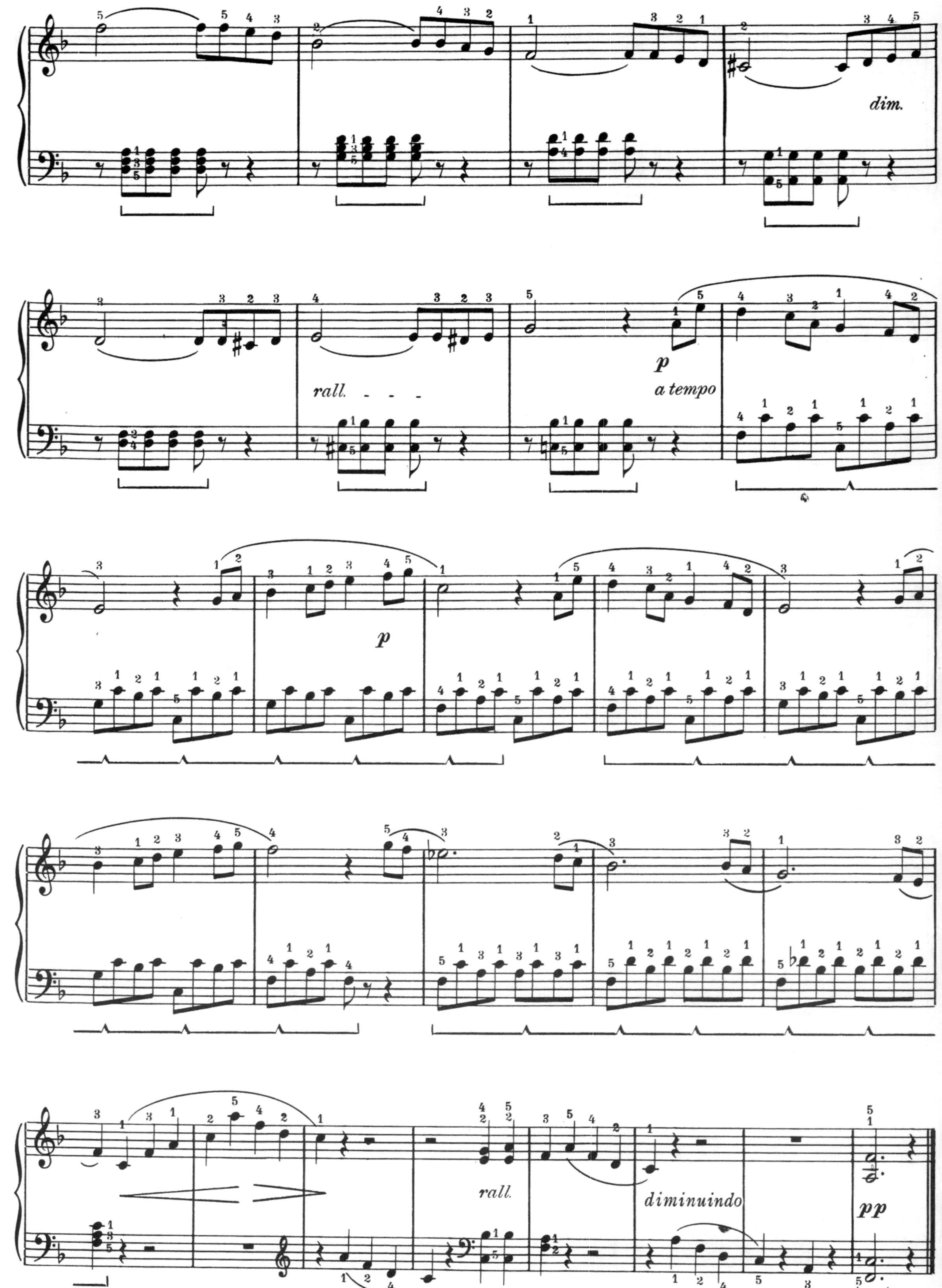
dim.
rall.
p
a tempo
p
rall.
diminuindo
pp

Dançando a Quadrilha

Atenção Pessoal! Vamos dançar a Quadrilha

MÁRIO MASCARENHAS

TRAVESSÊ DE DAME
BALANCÊ com seus vis a vis
Dó 7
Fá M
BALANCÊ DE DAME
Ré m
Lá 7
TRAVESSÊ DE CAVALHEIROS
GRANDE RODA
CORÔA DE ROSAS
CORÔA DE ESPINHOS
GRANDE PASSEIO

Vira Vort'ê

Grande Confusão

Passagem do Tunel

A Ponte Caiu

Lá Vem Chuva

Caminho da Roça

Meditation
(Da ópera Thaïs)

J. MASSENET

Andante (M.M. ♩=63)

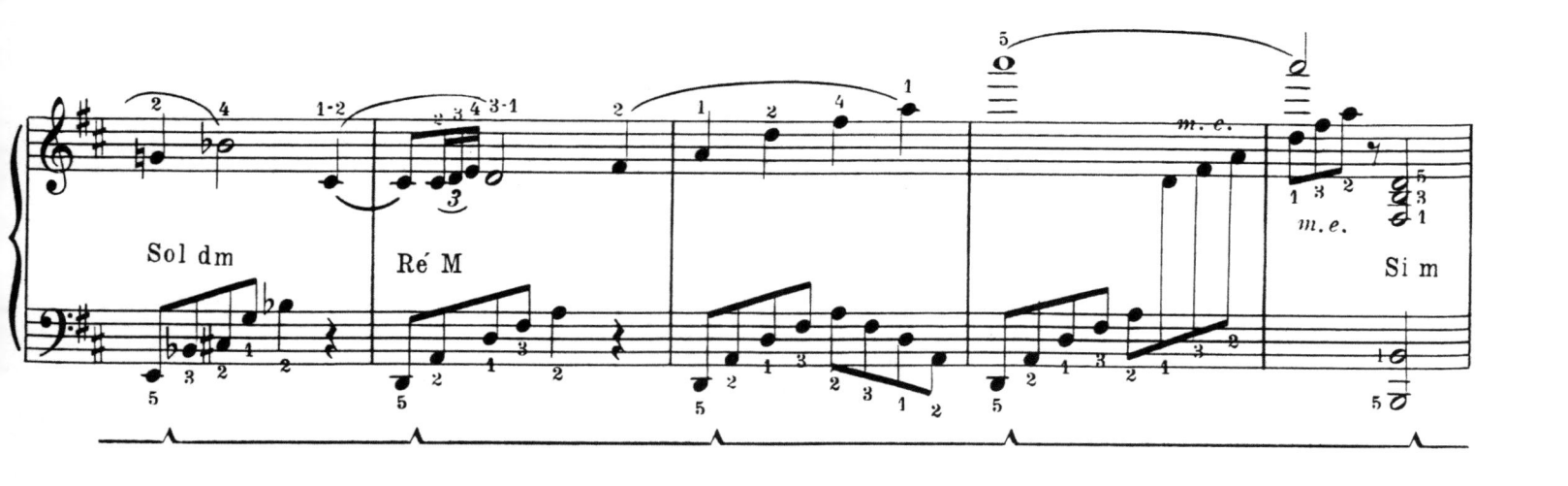

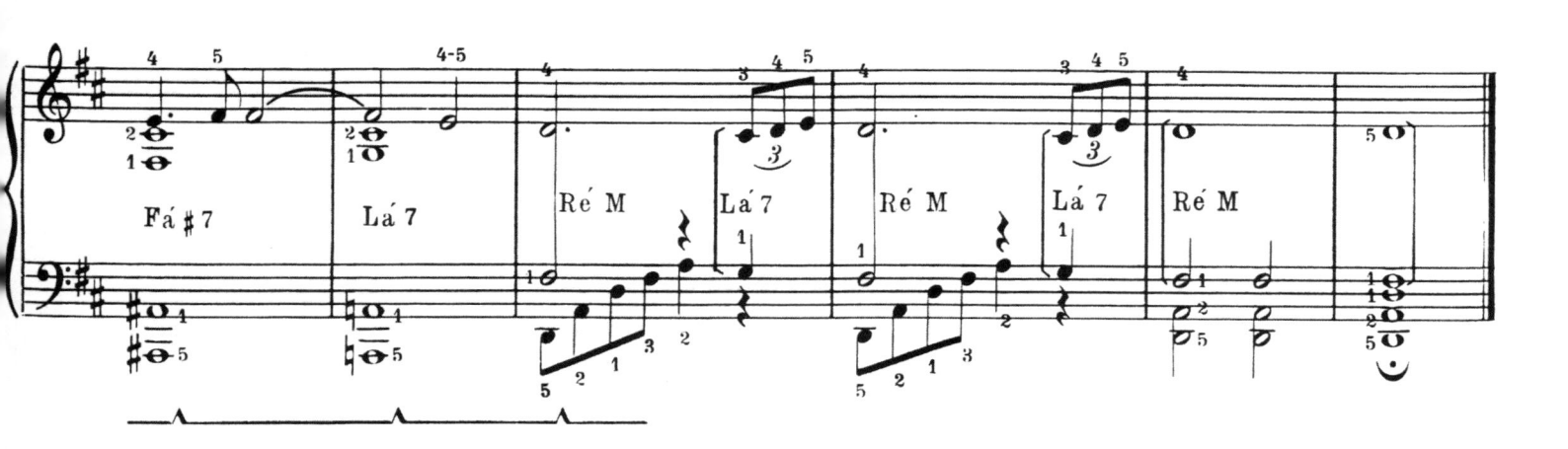

Alles neu macht der Mai
(Tudo floresce em Maio)

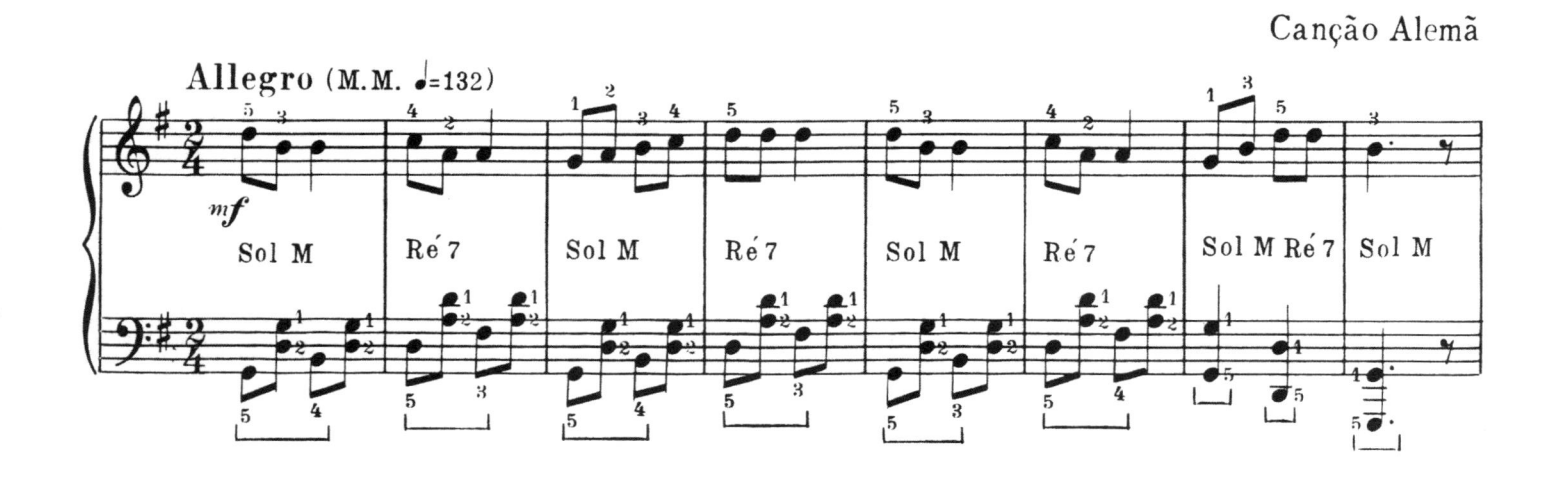

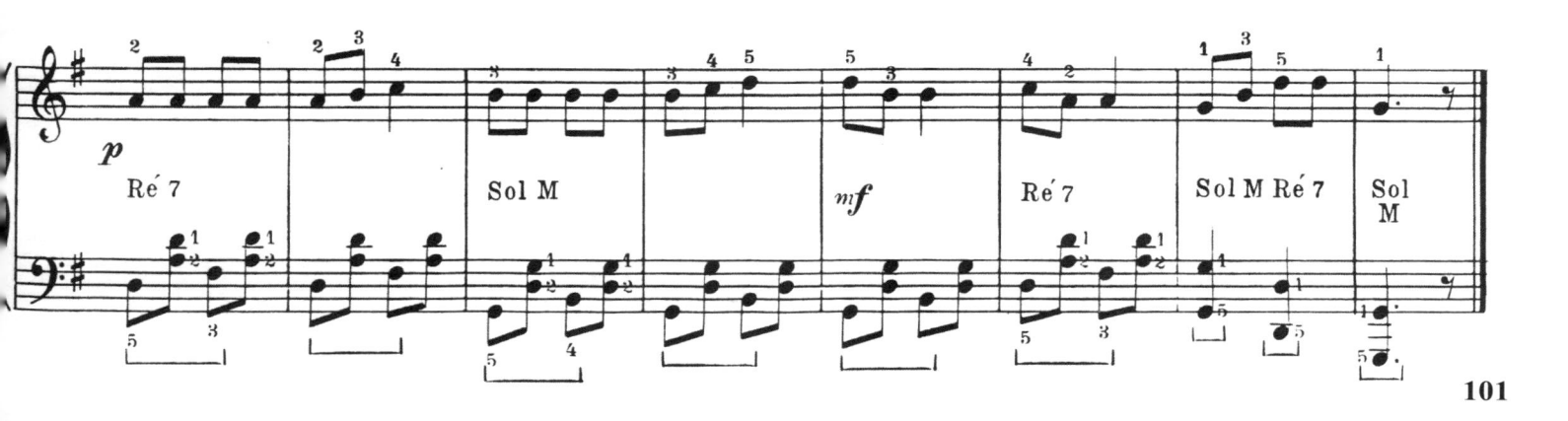

Canção Alemã

Valsa das Flores
(Da Suite Quebra Nozes)

P. TSCHAIKOWSKY

Allegro (M.M. ♩=144)

Dó♯7
f
Fá♯m
Ré M
Fá♯ m
Dó♯ 7
Fá♯ m
mf
Ré M
Mi m
Lá M
Sol M
Lá 7
Ré M
Mi m
Lá M
1.
cresc.
Sol M
Sol M5+
Dó 7
Lá 7
2.
Ré M
Fá 7
Lá M
Mi 7
Lá 7
Dal 𝄋 al 𝄌
Lá 7
Ré M
ff
Sol M
Lá 7
Ré M
Sol M
Lá 7
Ré M
Lá 7
Ré M
La 7
Ré M
Lá 7
Ré M

Quinta Sinfonia

Opus 64

2º Movimento

P. TSCHAIKOWSKY

Andante Cantabile (M.M. ♩=54)

f
Fá M
Dó M
Ré m
Lá m
Ré m
Fá M
Sol m
Dó 7
Fá M
rall.
mf
Fá dm
Sol m
Dó 7
Fá M
cresc.
Ré m
Sol 7
Ré m
Sol 7
Ré m
Mi 7
Ré m
Dó 7
p
Fá M
rall.
pp

O Pescador de Pérolas
(Mi Par D'udire Ancore)
ROMANCE

G. BIZET

Larghetto (M.M. ♩=60)

Sol m
Dó m
Fá M
crescendo
Sol m
Dó m
Ré m
Sol m
Ré 7
Sol m
Ré 7
Sol m
diminuindo

Orientale
Opus 50 nº 9

CESAR CUI

Ré M
Dó m
Ré 7
Sol m
Dó♯ dim
Ré M
Dó m
Dó dim
Sol m
Sol m 6
Ré M
Sol m
Sol dim
Mi♭7
Sol m
Mi♭7
Sol m
Dó m
Ré 7
Sol m
p morrendo sem rall.
Dó 7
pp
Sol m

Humoresque

A. DVŎRAK

Sol M
Dó M
ritardando
Sol M
Sol m
Lá 7
Ré 7
Sol M
f
poco meno
Sol m
Mi♭ M
Fá 7
Si♭ M
Sol m
Mi♭ M
Fá 7
Si♭ M
mf
Sol m
Dó m
Fá 7
Si♭ M
Sol m
Mi♭ M
diminuindo
Dó m
Ré 7
p
Sol M
Dó M
Sol M
Ré 7
mf
Sol M
Dó M
ritardando
Sol M
Sol m
Lá 7
Ré 7
pp
Sol M

Duas Guitarras

Canção Russa

Vivo
f
Sol m
Ré m
Lá 7
Ré m
Sol m
Ré m
Lá 7
Ré m
Sol m
Ré m
Lá 7
Ré m
Sol m
Ré m
Lá 7
Ré m
Andante
p
Sol m
Ré m
Lá 7
Ré m
Sol m
Ré m
Lá 7
cresc.
Ré m

Dança de Anitra

Opus 46 nº 3

E. GRIEG

Tempo de mazurca (M.M. ♩=176)

Lá 7
m. e.
senza pedal
Ré m
Lá 7
Ré m
Lá m
Mi 7
senza pedal
Fá M
Dó M
Dó dm.
Si 7
Mi m
Mi m

Czardas de Troika

DANÇA RUSSA

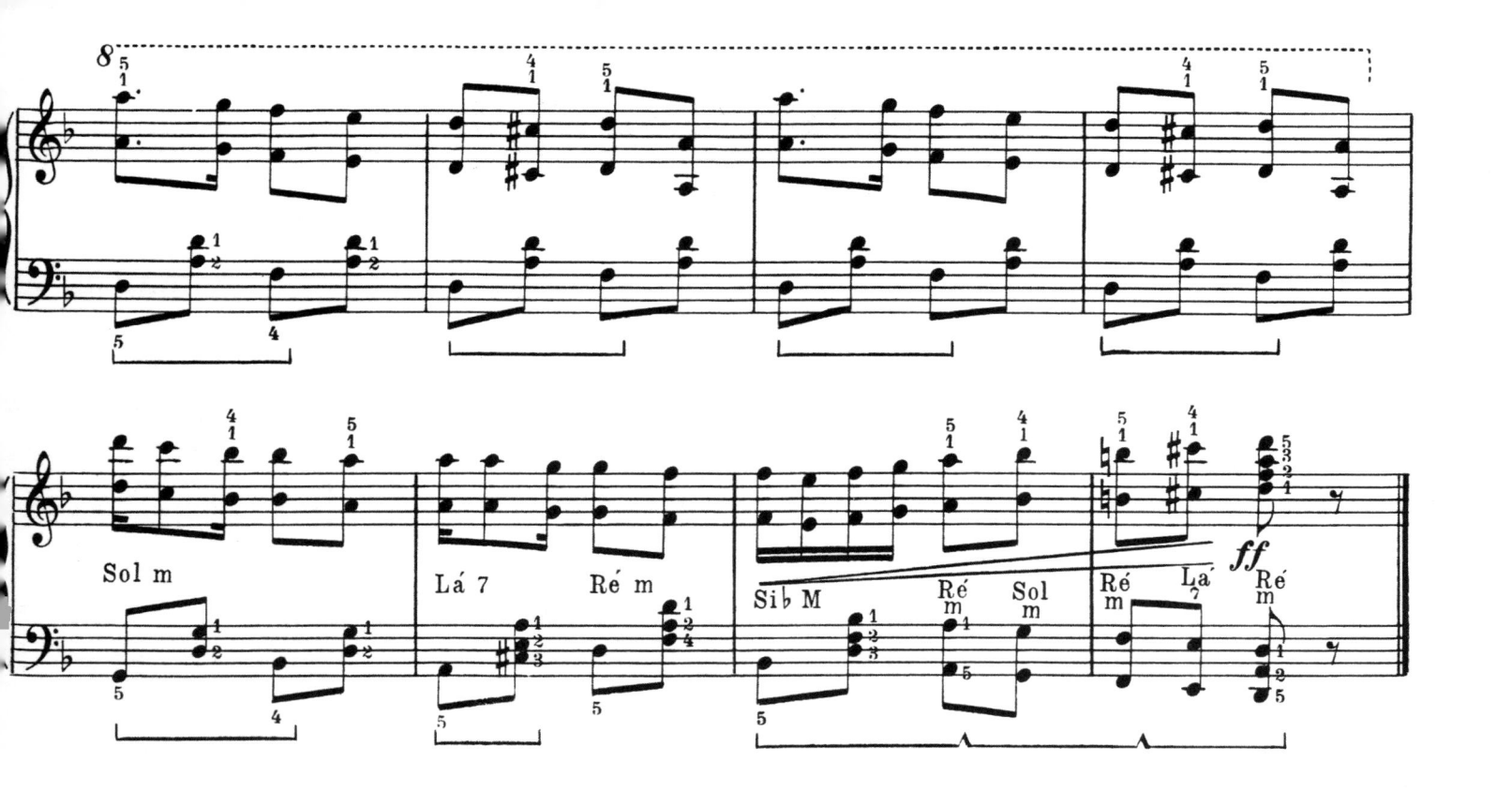

Canção Húngara

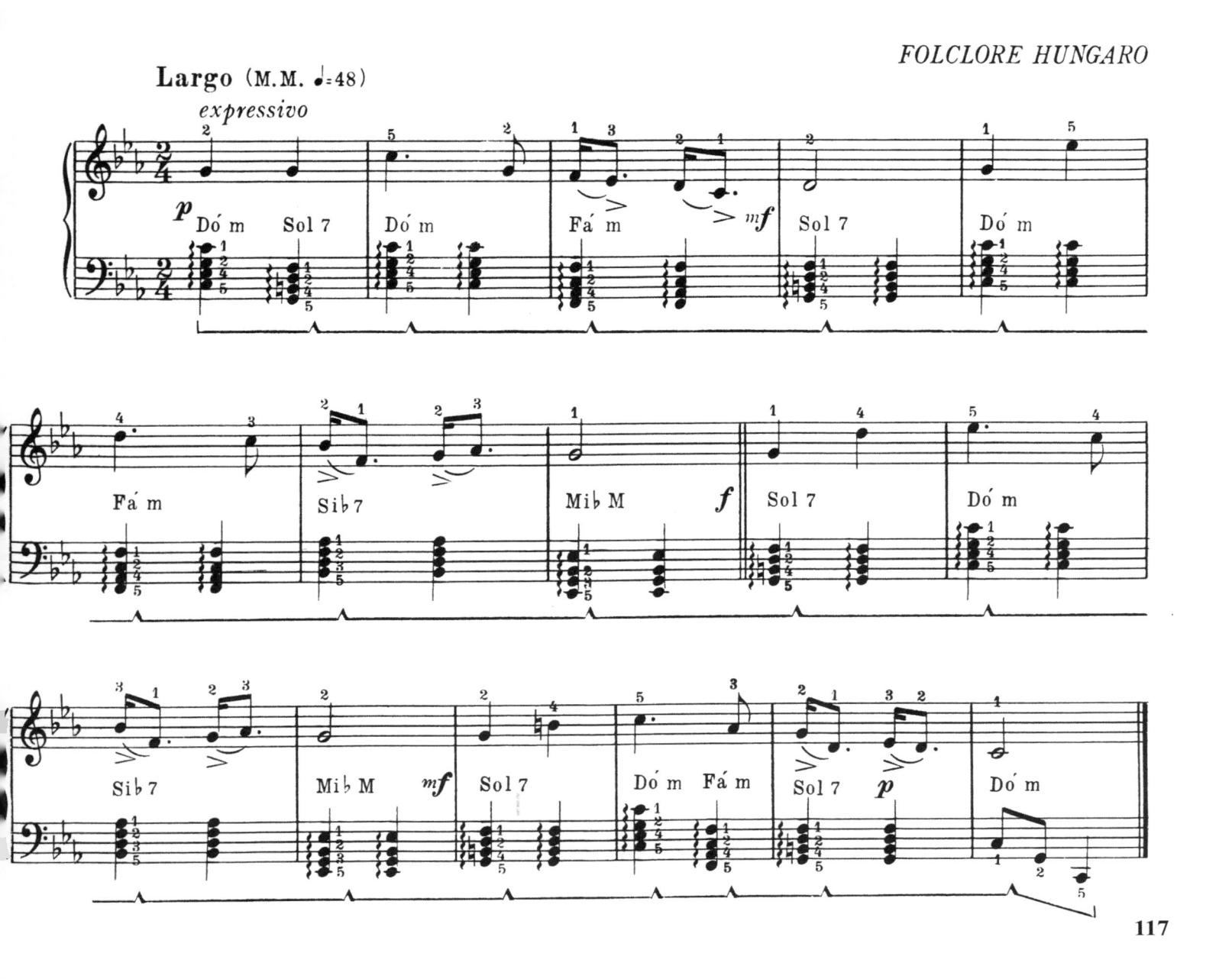

FOLCLORE HUNGARO

Largo (M.M. ♩=48)

Plaisirs du Bal
Gavotte

P. BEAUMONT

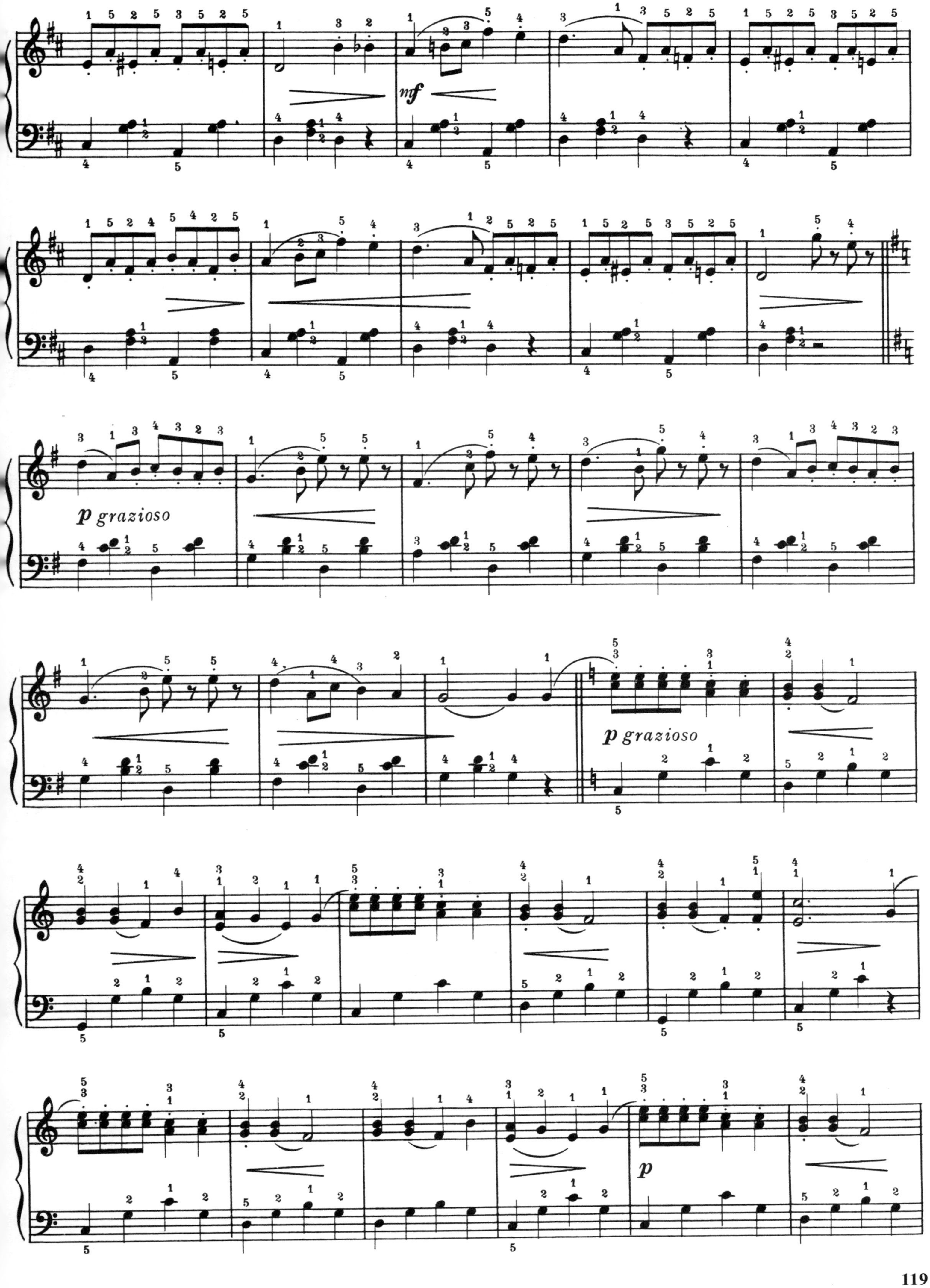
mf
p grazioso
p grazioso
p

120

Prima Carezza
(Primeira Caricia)
NOTURNO - Opus nº 1

C. DE CRESCENZO

Largo (M.M. ♩=46)

Sol M
rall.
Ré 7
Sol M
a tempo
p
Ré 7
Sol M
pp
Do m6
Sol M
Dó M
Si 7
cresc.
Lá m
Si 7
cresc. sempre
Lá m
Si 7
Mi m
Si 7
Mi m
Si 7
rall.
p a tempo
Sol M
Sol M5+
Lá m
Ré 7

Sol M
Sol M5+
Dó M
Lá 7
Sol M
Ré 7
Sol M
Ré 7
Sol M
pp
Dó m6
Sol M
Ré 7
rall.
Sol M
p a tempo
Ré 7
Sol M
Dó m6
Sol M
Ré 7
Sol M
Sol M
rall.
dim.
Mi m
Dó m
Sol M
Ré 7
Sol M

Canção da Primavera

Opus 62 nº 6

F. MENDELSSOHN

Allegretto (M.M. ♩=126)

125

Canção da India
(Song of India)

N. RIMSKY KORSAKOFF

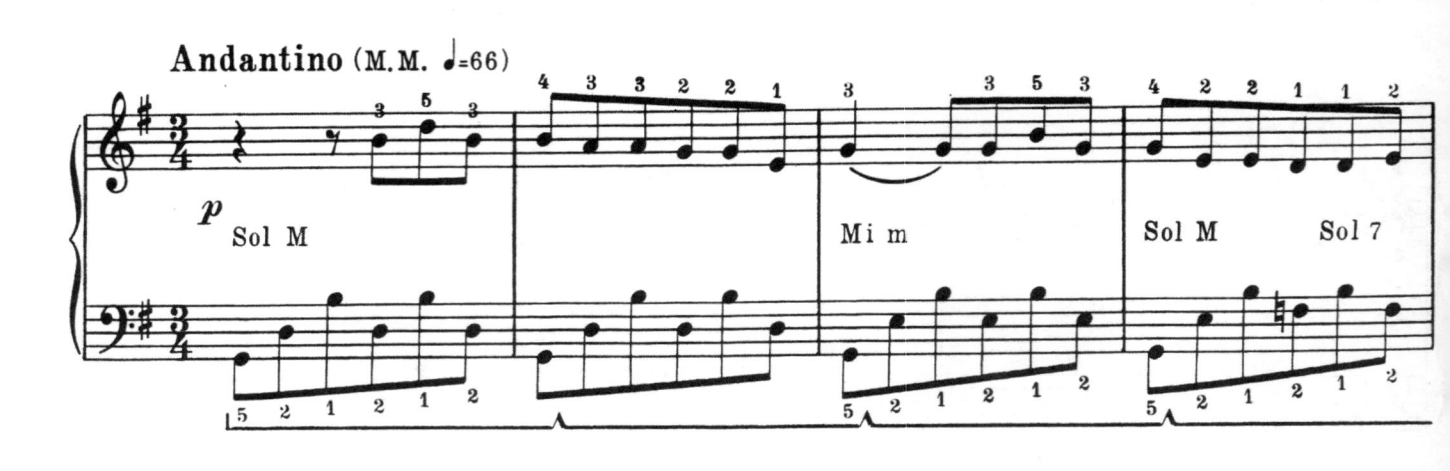

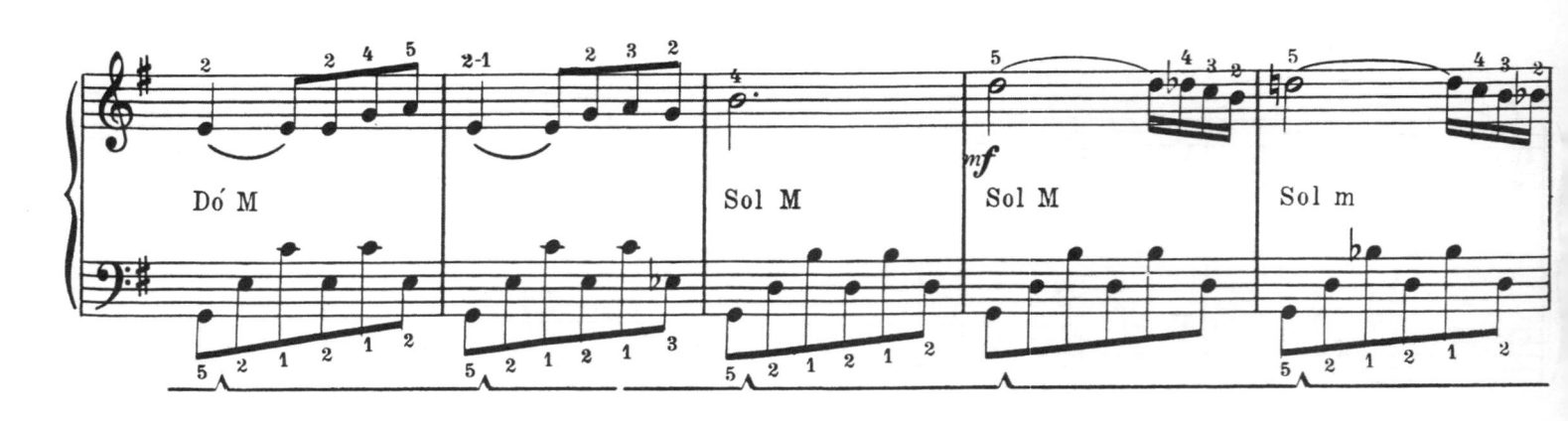

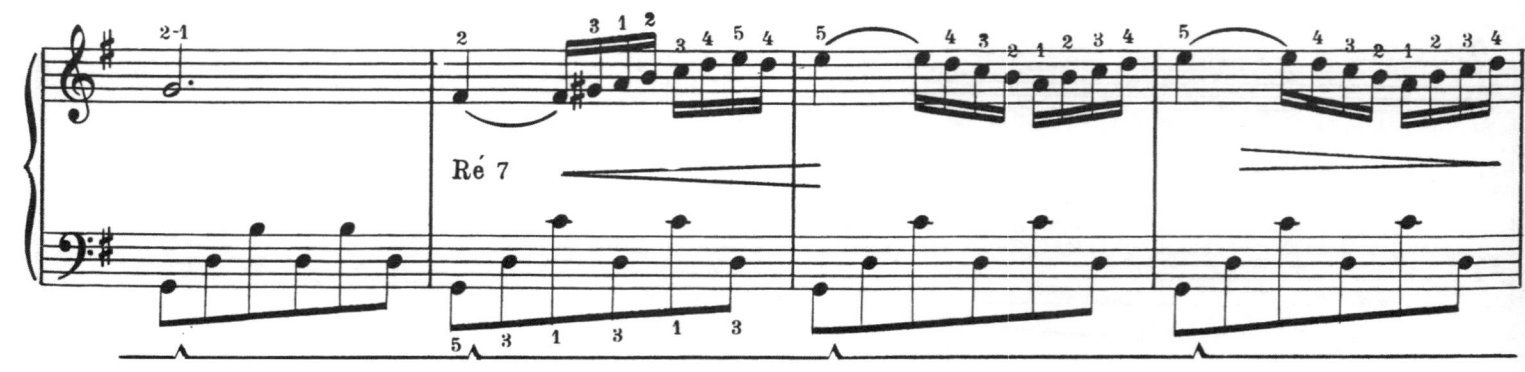

f
Mi m
Dó m
Sol M
mf
Dó M
Dó m
Sol M
mp
Sol m
Ré 7
Sol M
Mi m
Sol M
Sol 7
Dó M
rall.
Ré 7
Sol M
diminuindo

O Barão dos Ciganos

VALSA

J. STRAUSS

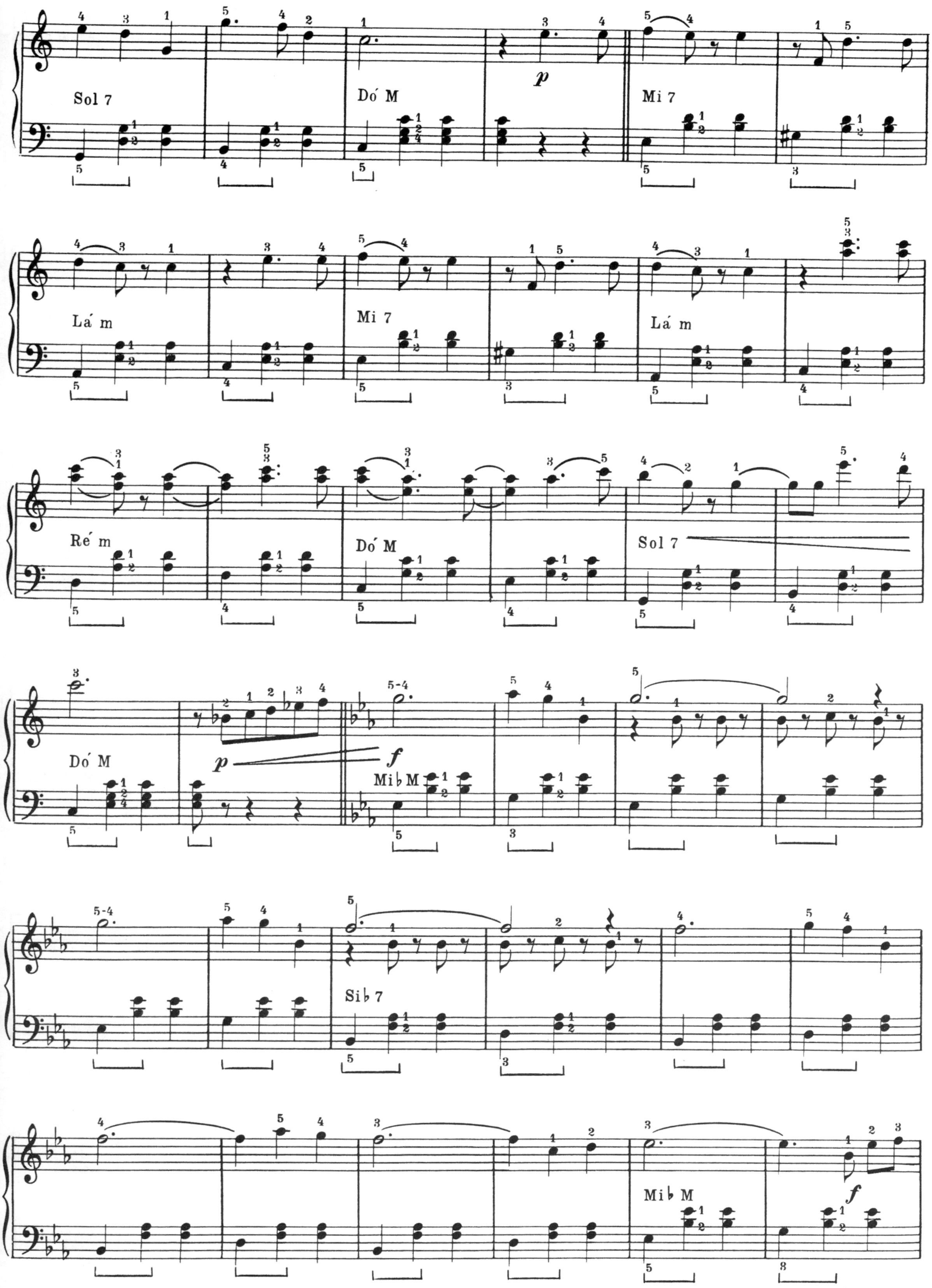
Sol 7
Dó M
Mi 7
Lá m
Mi 7
Lá m
Ré m
Dó M
Sol 7
Dó M
Mi♭ M
Si♭ 7
Mi♭ M

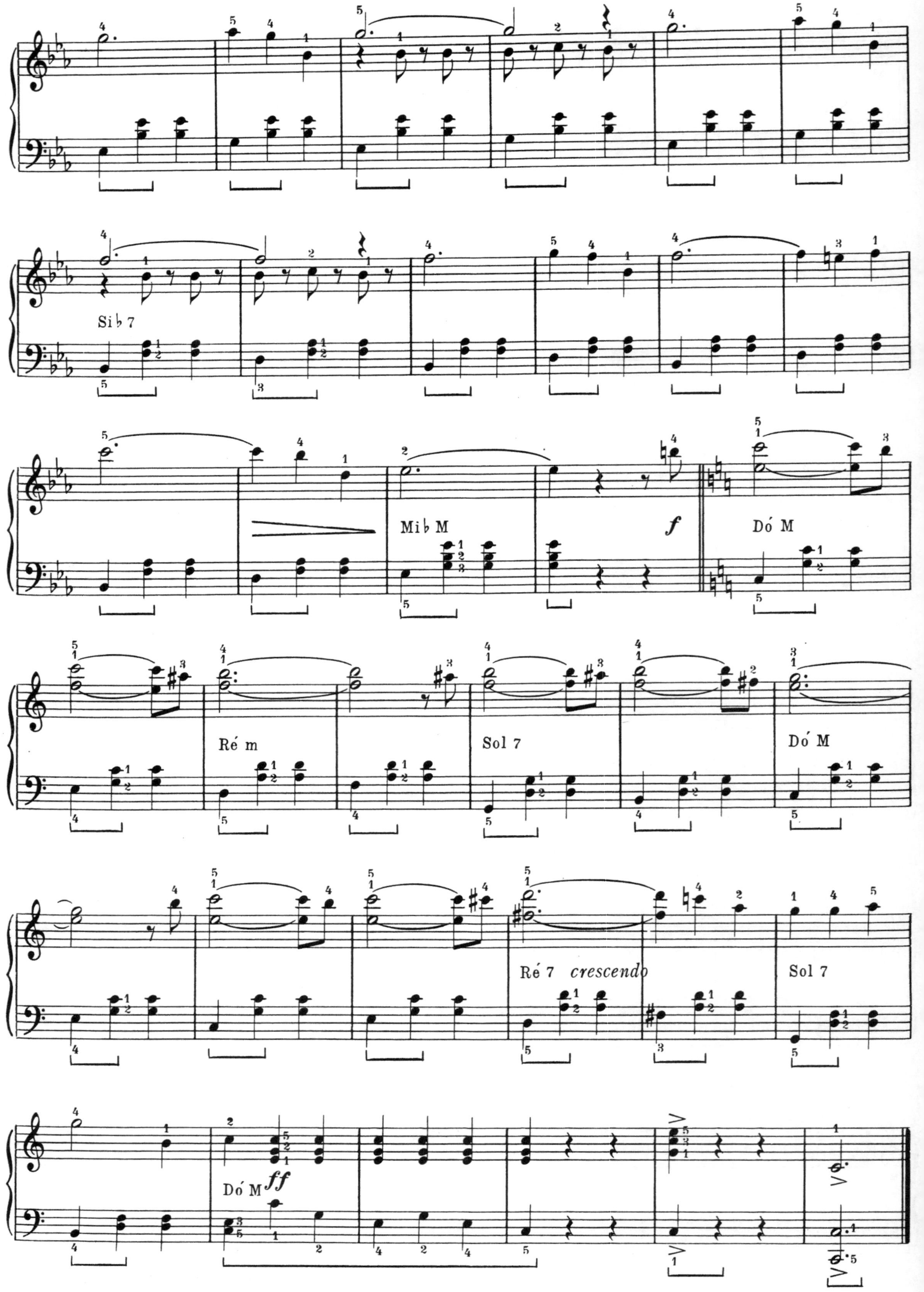
Si♭ 7
Mi♭ M
f
Dó M
Ré m
Sol 7
Dó M
Ré 7 crescendo
Sol 7
Dó M ff

Recordando Chopin

F. CHOPIN

Noturno Opus 9 nº 2
Andante (M.M. ♪=112)

Prelúdio Opus 28 nº 7
Andantino (M.M. ♪=96)

Valsa nº 10 Opus 69 nº 2
Moderato (M.M. ♩=152)

Polonaise Opus 40 nº 1
Allegro con brio M.M. ♩=80

Una Furtiva Lacrima
(L'elizir d'amore)

G. DONIZETTI

Lá m
Lá m Sol 7
Dó M
Sol 7 Dó dim
Mi 7
Mi 7 Lá m
Mi 7
Mi 7 Lá m
Mi 7
Lá M Mi 7
Lá M Mi 7
Lá M Mi 7
Lá M Mi 7
Lá M Mi 7
Lá M Ré M
Lá M Mi 7
cadencia ad libitum
Lá M Mi 7
Lá M Mi 7
Lá M pp

Miserere
(Il Trovatore)

G. VERDI

Fá M
Fá M Dó 7
Fá M Ré m
Lá M Sib M
Fá M Dó 7
Fá M Sib M Fá M Dó 7
Fá M Dó 7
Fá M Dó 7
Fá M Ré m Lá M Sib M
Fá M Sib M Fá M Dó 7
Fá M Dó 7
Fá M Dó 7
Fá M Ré m Lá M Sib M
Fá M Sib M Fá M Dó 7
Fá M crescendo
trêmulo

Dança Moldava

MÁRIO MASCARENHAS

Animato (M.M. ♩=106)

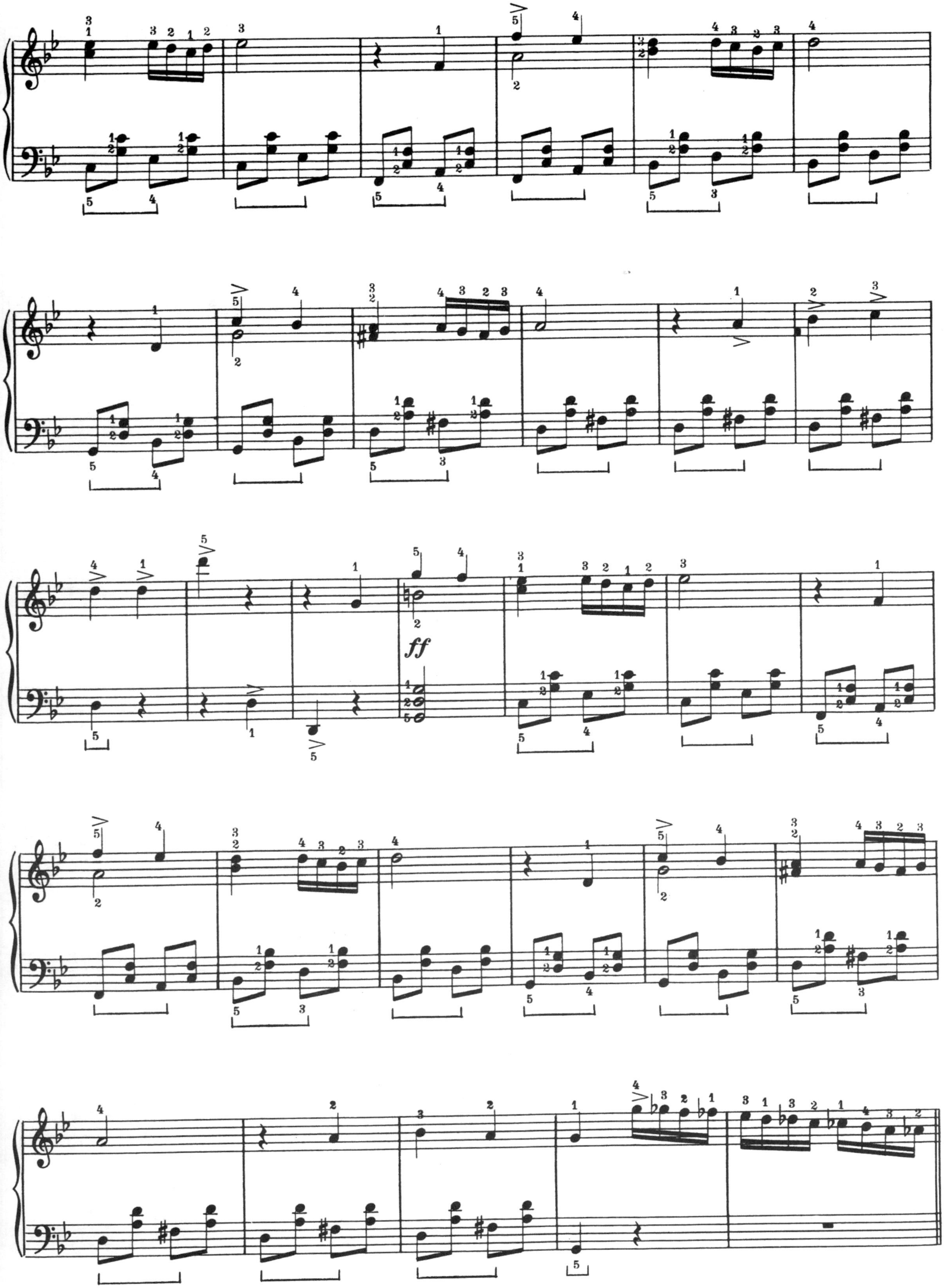
ff

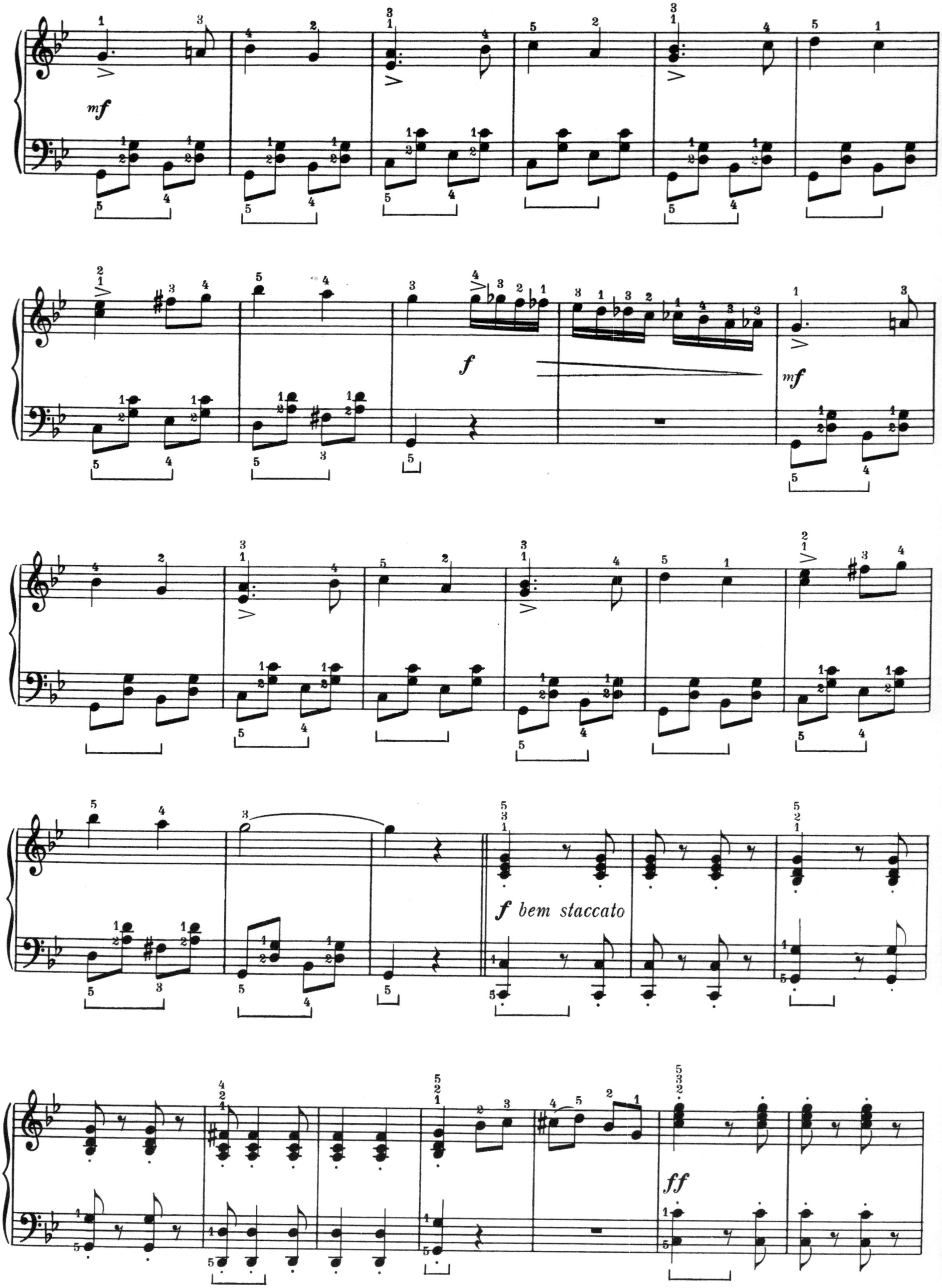
mf
f
mf
f bem staccato
ff

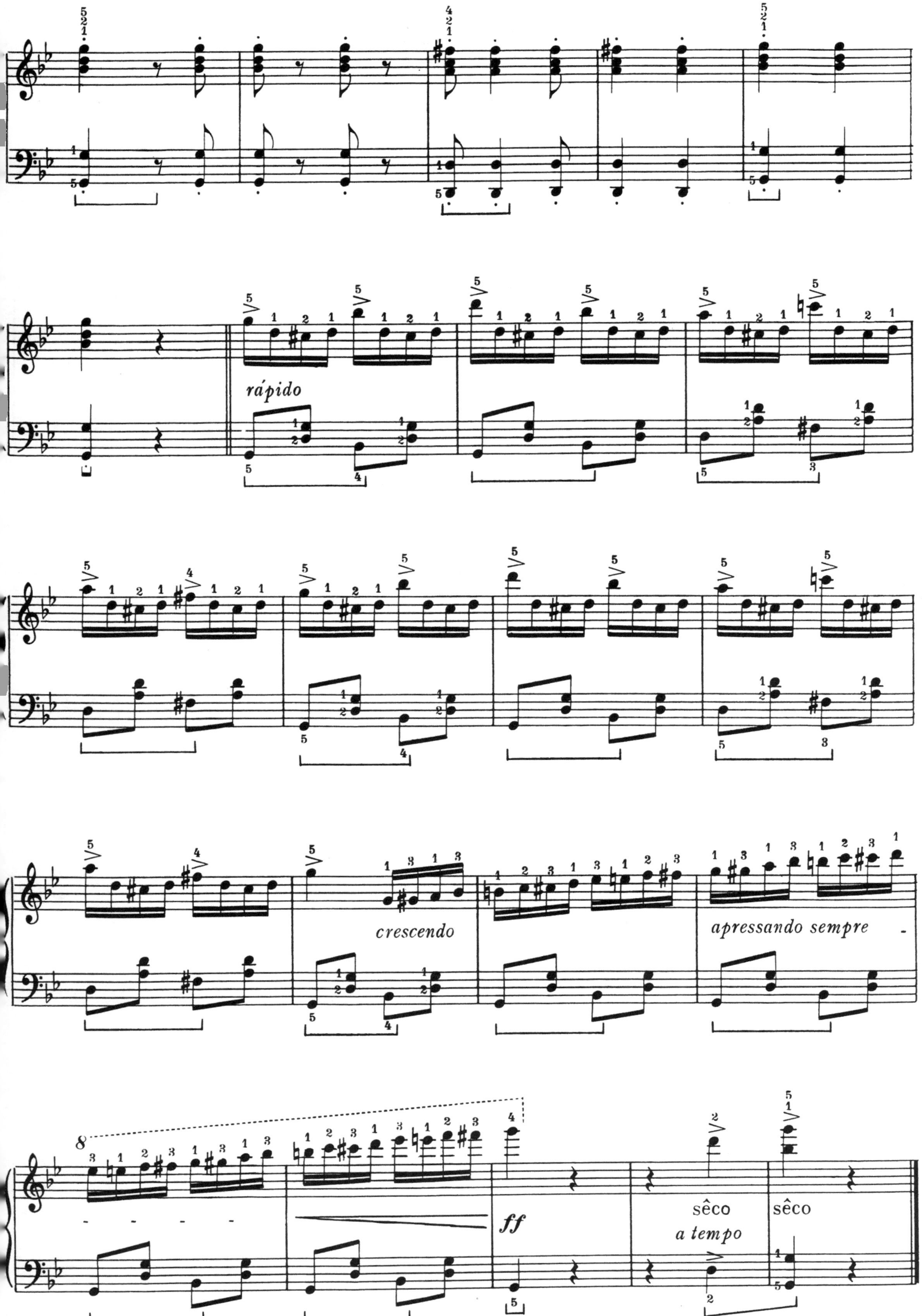

rápido
crescendo
apressando sempre
ff
sêco
a tempo
sêco

Elegie
Opus 10

JULES MASSENET

Mi m
Si 7
rit.
mf
Mi m
a tempo
Lá m
Si 7
Mi 7
cresc.
p
Lá m
Lá m7
diminuindo
Lá m6
Lá m
f
Lá m
Dó M
Lá m
Si 7
Mi m
morrendo
m.e.

Dança Húngara nº 6

J. BRAHMS

Lá 7
Ré M
Lá 7
Ré M
Lá 7
Ré M
Sol M
poco rit.
Lá 7
a tempo
Ré M
Lá 7
Ré M
mf
Fá M
Dó 7
Fá M
Sol m
Ré m
Lá 7
Si♭ M
Ré m
Lá 7
Ré m
Fá M
Dó 7
Fá M
Sol m
Ré m
La 7
Si♭ M
Ré m
Lá 7
Ré m
Lá 7
Ré m
voltar ao 𝄋
e saltar ao 𝄌
Sol M
Lá 7
Ré M

Gravado em discos R.C.A. por CAUBY PEIXOTO

Amor Cigano

TANGO e HABANERA

Larghetto (M.M. ♩=63)

MÁRIO MASCARENHAS

Lá 7
Ré dm
Ré M
Ré M
Si 7
Mi m
Sol m
Ré M
Lá 7
Ré M
Tango
Ré m
Lá 7
Ré m Lá 7
Ré m

Glórias de Toureiro
PASO DOBLE

MÁRIO MASCARENHAS

Lá m
Ré m
Lá m
Mi 7
Lá M
Lá M
Mi 7
Lá M
Fá ♯7
Si m
Lá M
Mi 7
Lá M
Sol 7
Dó M
Mi 7
Lá m
Ré m
Dó M

Sol 7
Mi 7
Lá m
f
Mi M
Fá M
Mi M
Ré m
Mi M
Fá M
Mi M
Ré m
Lá m
Mi 7
Lá M
mf
Lá M
Mi 7
Lá M
Fa # 7
Si m
cresc.
Lá M
Mi 7
ff
Lá M
Mi 7
Lá M

Dançando Ballet

Potpourrit

LÉO DÈLIBES
e
P. TSCHAIKOWSKY

Pas des Fleurs - Do Ballet Naïla (Léo Dèlibes)
Allegretto (M.M. ♩=144)

Valsa Opus 39 nº 5 (P. Tchaikowsky)

Pizzicato Do Ballet Silvia (Léo Delibes)

staccato

Si 7
Mi m
Si 7
Mi m
Dó M
Sol 7
Dó M
Dó M
Ré 7
Mi 7
Lá m
Dó M
Sol 7
Dó M
Si 7
Mi m
Ré 7
Sol M
Dó M
Sol 7
Dó M
Dó M
Ré 7
Mi 7
Lá m
Dó M
Sol 7
Dó M

Capricho Espanhol

Opus 34

N. RIMSKY KORSAKOFF

155

Rápido con fuego
Si♭ M
Lá M
Si♭ M
Coda
ff Lá M
Ré M
Lá M
Mi 7
Lá M
Ré M
mf
Lá M
Mi 7
ff cresc. sempre
Lá M
Ré m
Lá M

Chanson Russe

Opus 31

SYDNEY SMITH

p
Mi♭ M
Si♭ dm
Si♭ 7
Mi♭ M
Si♭ M
Fá 7
Si♭ M
Sol m
Dó m
Fá 7
Si♭ M
Ré 7
Sol m
Dó m
Ré 7
Sol m
Ré 7
Sol m
Ré 7
Sol m
agitato
Sol 7
Dó m

Ré 7
Sol m
Ré 7
Sol m
Ré 7
Sol m
Ré 7
Sol m
Sol 7
Dó m
Ré 7
Sol m
Láb M
Ré 7
Sol m
Dó m
Do dm
Sol m
Ré 7
Sol m
Dó m
Dó# dm
Sol m
Ré 7
Sol m

Il Guarany
(Ouverture)

A. CARLOS GOMES

mf
Dó M
cantabile
sotto voce
pp
Sol 7
Dó M
Lá m
Mi m
Si 7
Mi m
Si 7
Mi m
Sol 7
sf
Dó M
Lá m

Mi m
Si 7
Mi m
Si 7
Mi m
Sol 7
Dó m
Mi♭ M
affrettando
Sol M
cresc.
Ré m
sf
Sol 7
mf
dolce
Dó M
Ré m
Sol 7
Dó M
cresc.
p
Láb M
Mib 7
Láb M
Fá m
Ré m
Sol M
Sol M
cresc.
sf
Ré dm
Lá m
sf
Mi 7
Lá m
Ré m

p Mi M
f Fá M
Mi M
f Fá M
Ré 7
cresc.
Sol M
ff Sol 7
cresc.
ff
Dó M
Lá m
Dó M
Lá m
Dó M
Lá m
Dó M
affret.
Mi M
Dó M
Mi M
Dó M
cresc.

Scheherezade

Opus 35

N. RIMSKY KORSAKOFF

165

Rondó Cigano
(Gipsy Rondó)

J. HAYDN

Ré 7
Sol M
p
Sol M
Ré 7
ff
Sol M
p
Ré 7
Sol M
Poco meno
Sol m
Dó m
Sol m
Ré 7
Sol m
fz
Dó m
Sol m
Ré 7
Sol m
mf
Tempo I
Sol M
Ré 7
Sol M
Lá m
Lá 7
Ré 7
Sol M
Ré 7
Sol M
Mi 7
Lá m
Mi 7
Lá m
Mi 7
cresc.
Lá m
Ré 7
Sol M

Somente um Coração Solitário
(None but the lonely heart)

P. TSCHAIKOWSKY

Andante (M.M. ♩=100)

Dó# 7 f
Mi m
Fá# 7
Si m
Ré m
Mi 7
f Lá 7
Ré M
Lá 7
Lá m
Si 7
Mi m
Lá m
Si 7
Mi m
Ré M
ff
Lá 7
Si m
Mi m
p
Lá 7
Ré M
Lá 7
Lá m
Si 7
Mi m
Ré M
Sol m
Lá 7
Ré M
pp
rall.

Sinfonia da Cantata 156
(ARIOSO)

J. S. BACH

Dó m
Sol m Dó m Ré 7
Sol m
p
Dó 7
Fá M
Sib M
Sib M
cresc.
Sol m
Dó 7
Fá M
Sol m
Sol 7
Dó 7
Fá M
Dó M
Sib M
Dó 7
Fá M
Fá 7
Sib M
Fá dm
Fá M
Sib M
Dó 7
rall.
Fá M

Aria da 4.ª Corda

J. S. BACH

cresc.
Mi M
Ré m
Mi 7
Ré m
Mi 7
Lá m
Ré m
Mi 7
Lá m
pp
Ré 7
Do M
Ré 7
Sol M
Ré 7
Sol M
cresc.
Dó M
Fá M
Ré 7
Sol M
Mi 7
Lá 7
Ré m
Sol 7
Dó M
Dó M
Dó 7
Fá M
Lá m
Sol 7
Dó M
Sol 7
Dó M
Ré m
Sol 7
Dó M

O Poeta e o Camponês

FRANZ VON SUPPÉ

Andante maestoso (M.M. ♩=72)

pp
Ré M
Lá 7
Ré M
Lá 7
Ré M
Lá 7
Ré M
Lá 7
Ré M
rall.
a tempo
Fá 7
Sib M
Ré 7
Sol m
Mib M
Sib M
Fá 7
Vivo
Sib M
Dó 7
Fá 7
Sib M
Dó 7
Fá 7

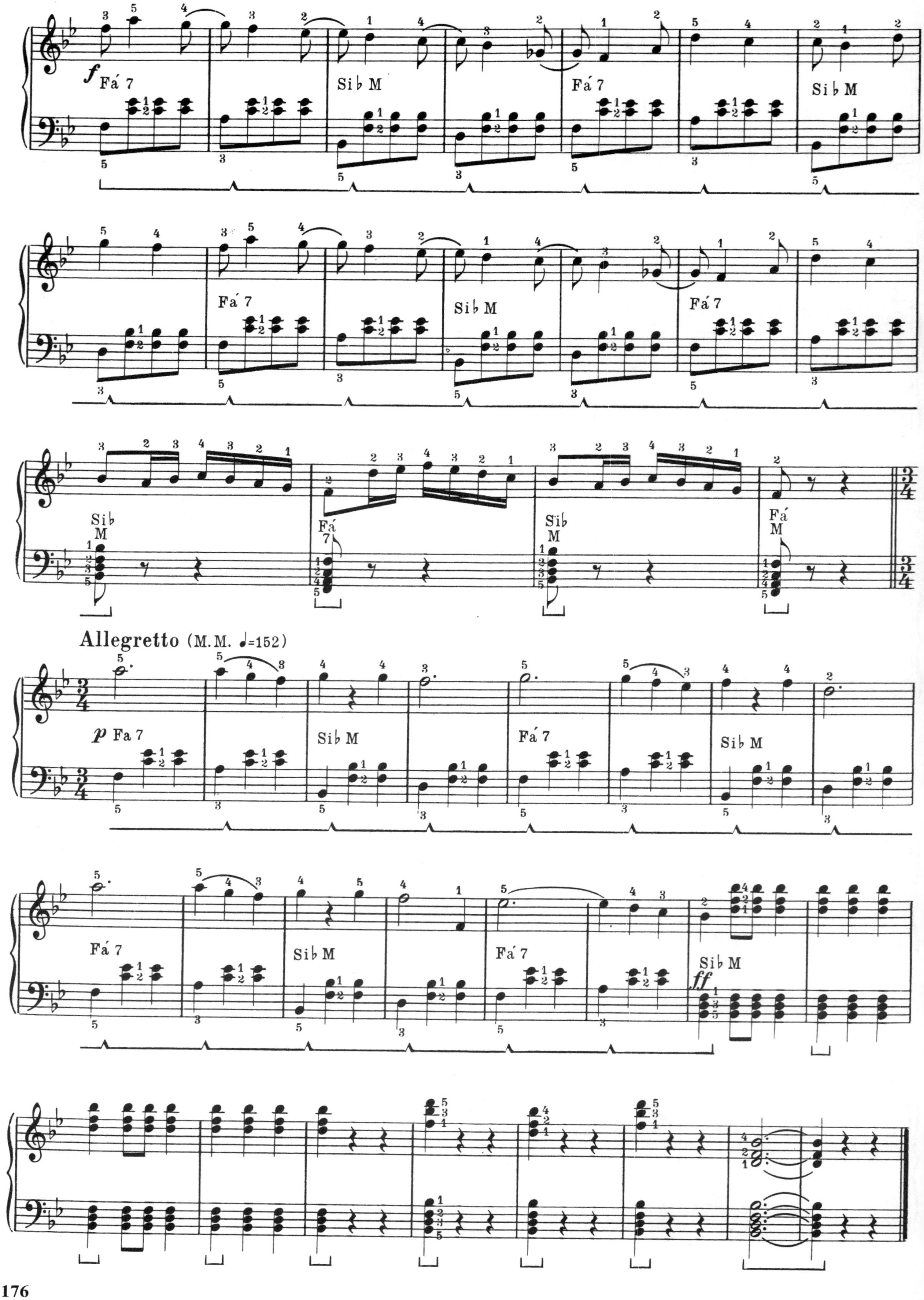
f
Fá 7
Si♭ M
Allegretto (M.M. ♩=152)
p
Fa 7
ff

Alma Cigana
(Fantasia Cigana)

MÁRIO MASCARENHAS

Vivo (M.M. 𝅗𝅥.=72) scherzando
Dó m
p
Sol m
Ré 7
Sol m
f
Dó m
p
Sol m
Ré 7
Sol m
Ré 7
Sol m
mf
Fá 7
Si♭ M
Fá 7
Si♭ M

Risoluto

Czardas (**Allegro vivace** M.M. ♩=152)

Dança das Horas
La Gioconda

A. PONCHIELLI

Lá 7
Ré m
Fá M
Dó 7
Fá M
Ré m
Sol m
Ré m
Sol m
Ré m
Mi♭ M
Ré m
Sol m
Ré m
Lá 7
Ré m
Fá M
Dó 7
Fá M
Lá 7
Ré m
Fá M
Dó 7
Fá M

sf
Sib M
sf
Dó m
Fá 7
sf
Sib M
sf
Dó m
Fá 7
Sib M
p
Fá 7
cresc. molto
Sib M
f
Fá 7
Sib M
p
Fá 7
cresc. molto
Sib M
f
Fá 7
Sib M
f
Mib M
Mib m
Sib M
Fá 7
Sib M
p
Mib M
Mib m
Sib M
Fá 7
Sib M
mf
Sib M
f
f
ff

Cavalaria Ligeira
Ouverture

FRANZ VON SUPPÉ

Largo
Lá M
Si m
Mi 7
Lá M
Mi 7
Cadência ad libitum
rall.
Andantino con moto (M.M. ♩=84)
com sentimento
Lá m
Mi 7
Lá m
Dó M
Sol 7
Dó M
Lá m
Mi 7
Lá m
Mi m
Si 7
Mi m
Mi 7
Lá m
Dó 7
Fá M
Fá 7
Lá m
Lá m
Mi 7
Lá m
Mi 7

Allegretto (M.M. ♩.=104)
p
Lá M
Ré M
Lá M
Mi 7
Lá M
Si 7
Mi 7
Lá M
Ré M
Lá M
Mi 7
Lá M
Si m
Mi 7
Lá M
Mi 7
Lá M
Mi 7
Lá M
crescendo
ff

Adágio em Dó Menor

(MÚSICA BARROCA)

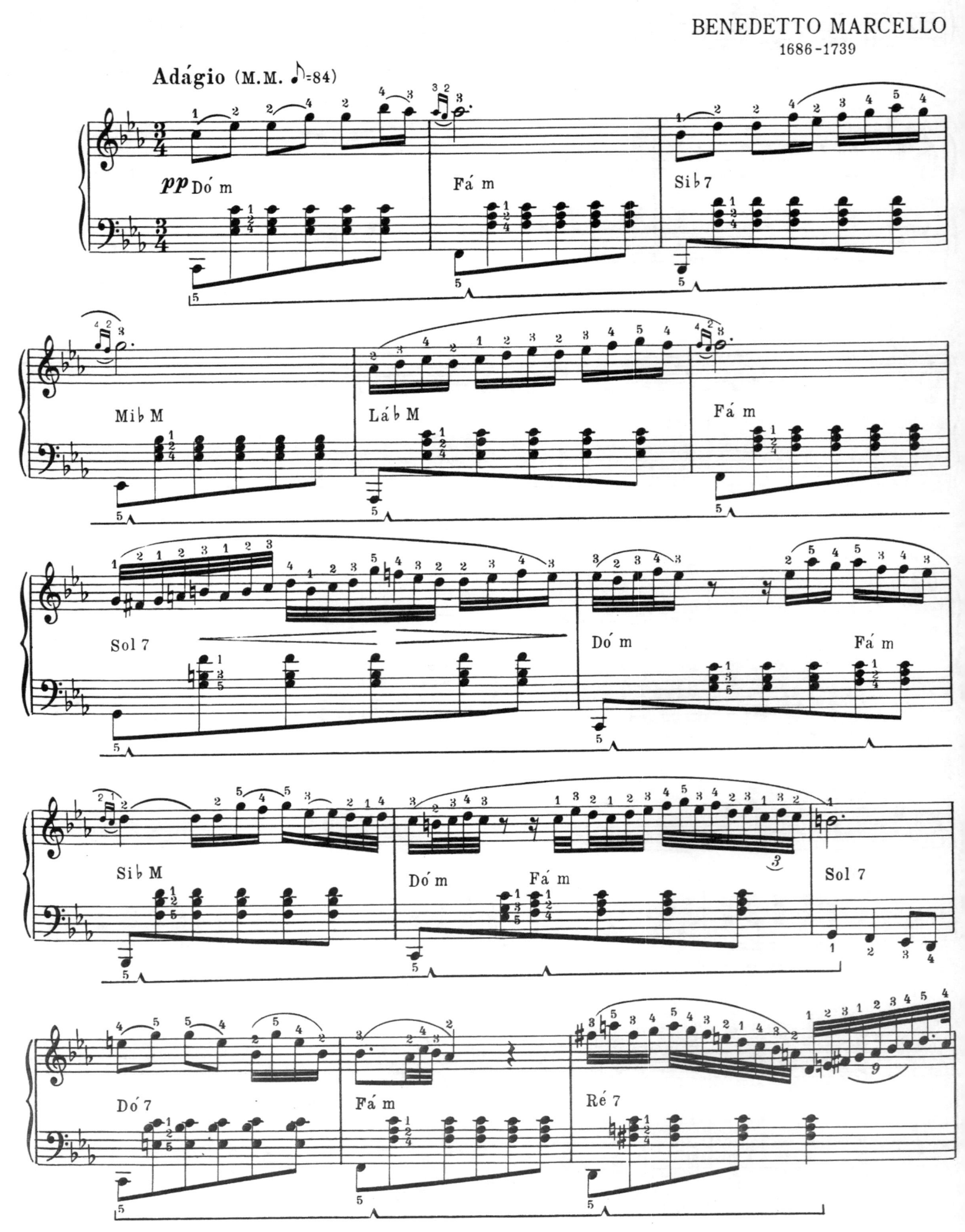

BENEDETTO MARCELLO
1686-1739

Sol m
Dó m
Lá♭M
Fá m
Sol m
Dó m
Si♭ 7
Mi♭ M
Dó m
Fá m
Si♭ M
Dó m
Lá♭ M
Si♭ M
Ré♭ M
Mi♭ 7
Lá♭ M
Sol M
Lá♭ M
Fá m
Sol M
Fá m
Sol 7
Dó m
Fá m
Ré 7
Sol 7
Dó m
Sol 7
Dó m

A Flauta Mágica

1ª Aria de Papagueno

WOLFGANG AMADEUS MOZART

VALSA

Opus 62 - Nº 11

C. GURLITT

Allegro (M.M. ♩=132)

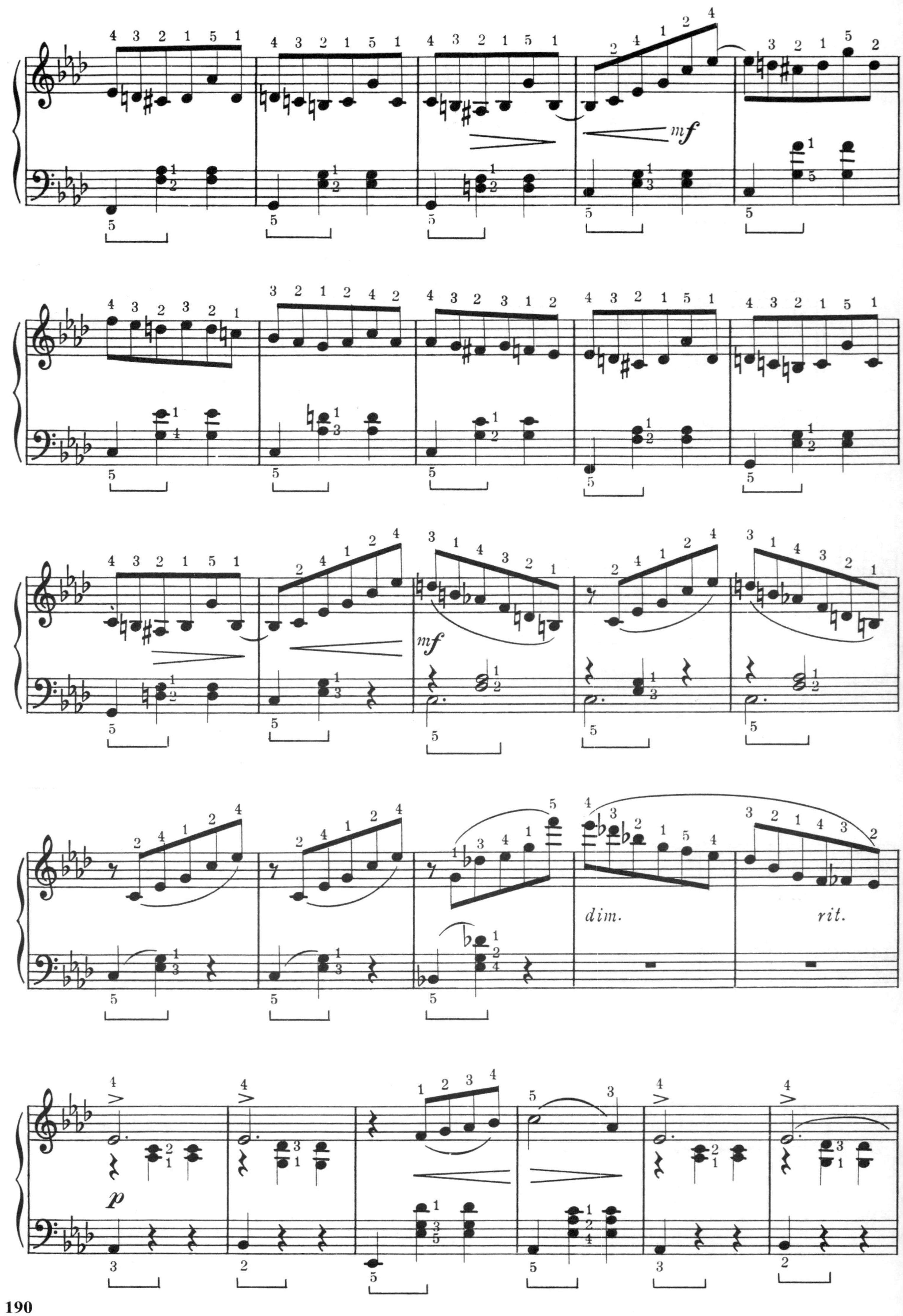
mf
mf
dim.
rit.
p

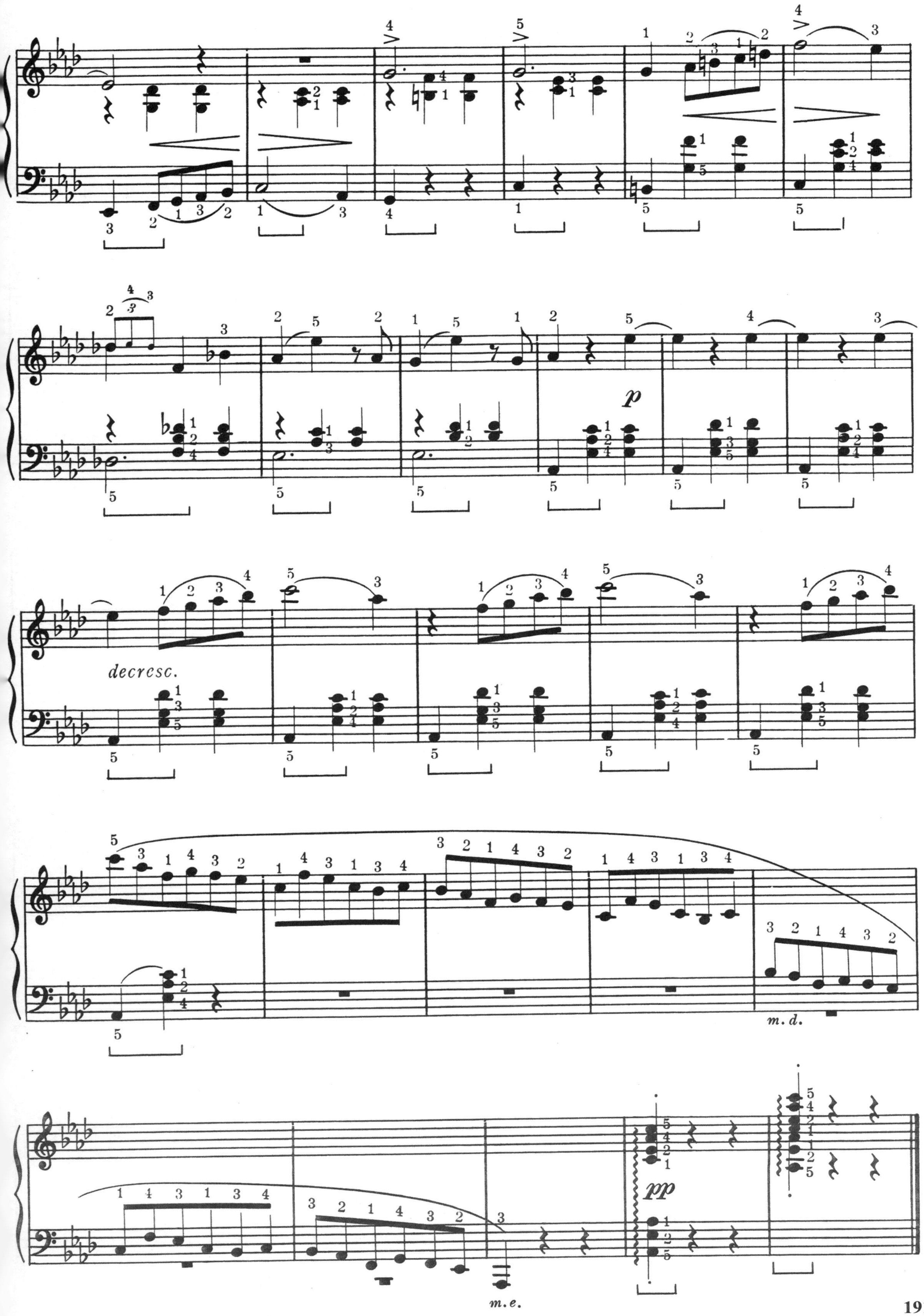
decresc.
p
m.d.
pp
m.e.

L'adieu au Piano
(Adeus ao Piano)

L. VAN BEETHOVEN

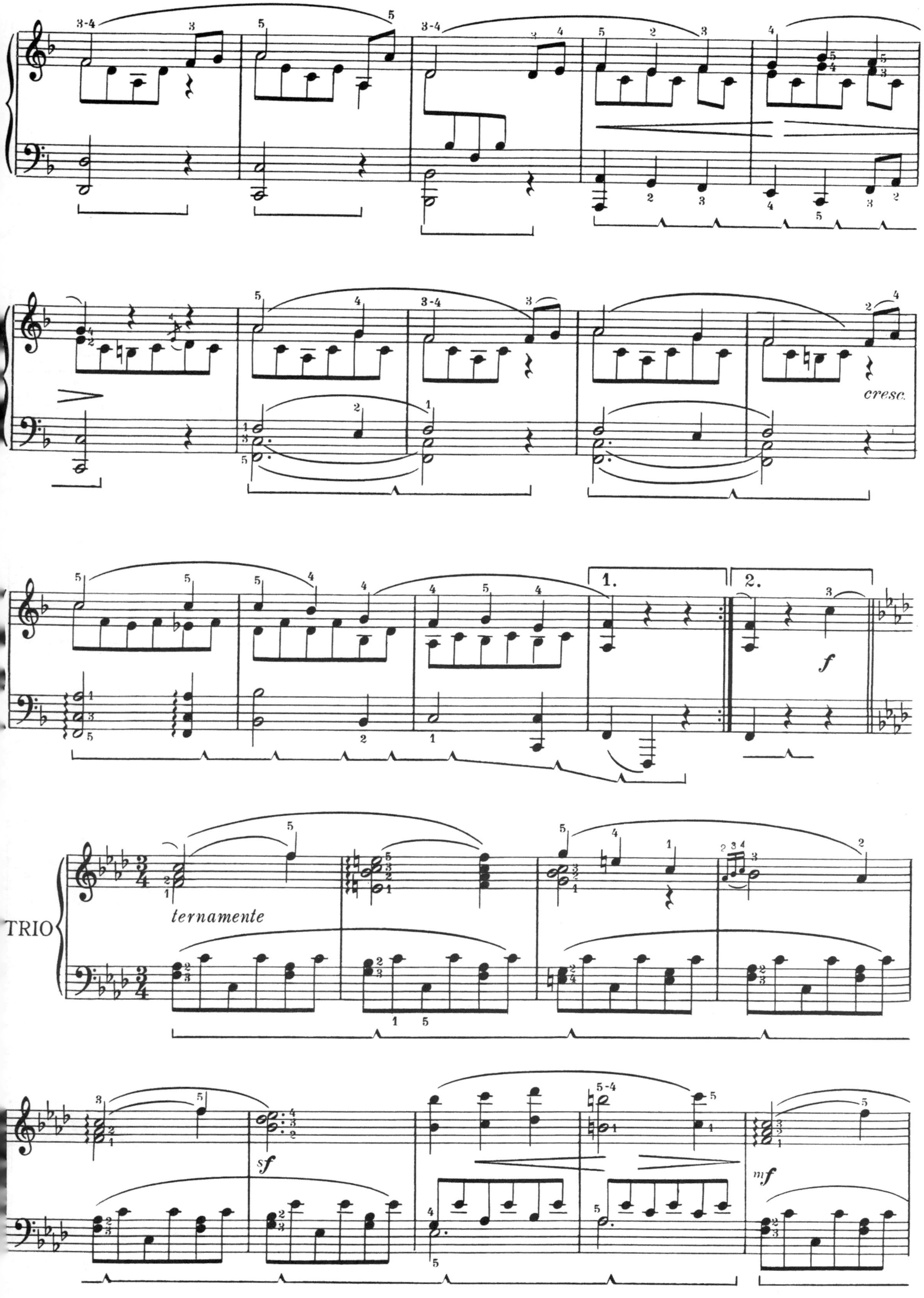
cresc.
f
TRIO
ternamente
sf
mf

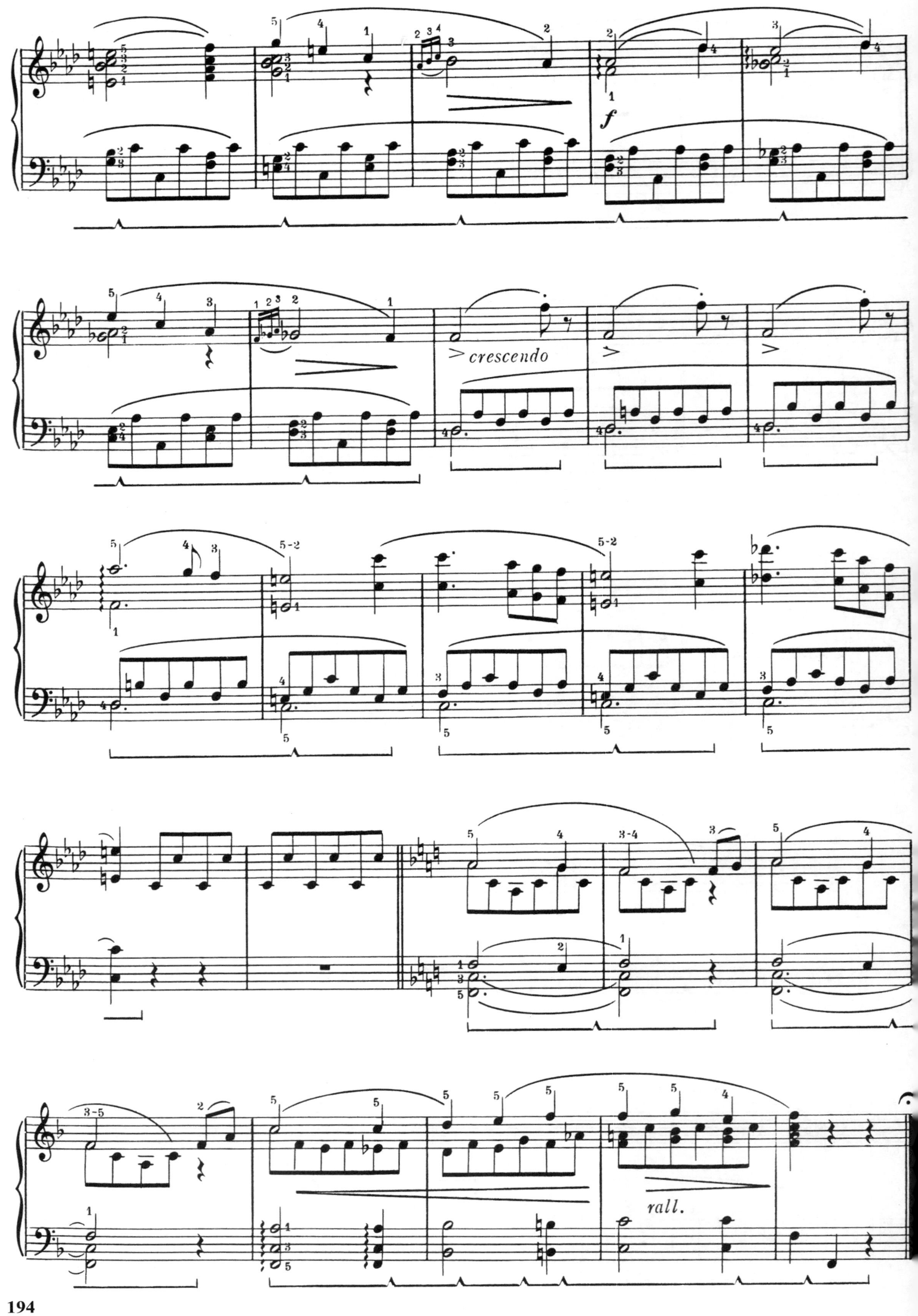
crescendo
rall.

Mazurka

Opus 68 № 2

F. CHOPIN

Lento (M.M. ♩=116)

rit.
a tempo
tr
1.
2.
mf
Poco piu mosso
mf
cresc.
pp
p
mf
pp
Poco piu mosso
mf
cresc.
pp
pp
p
mf
pp

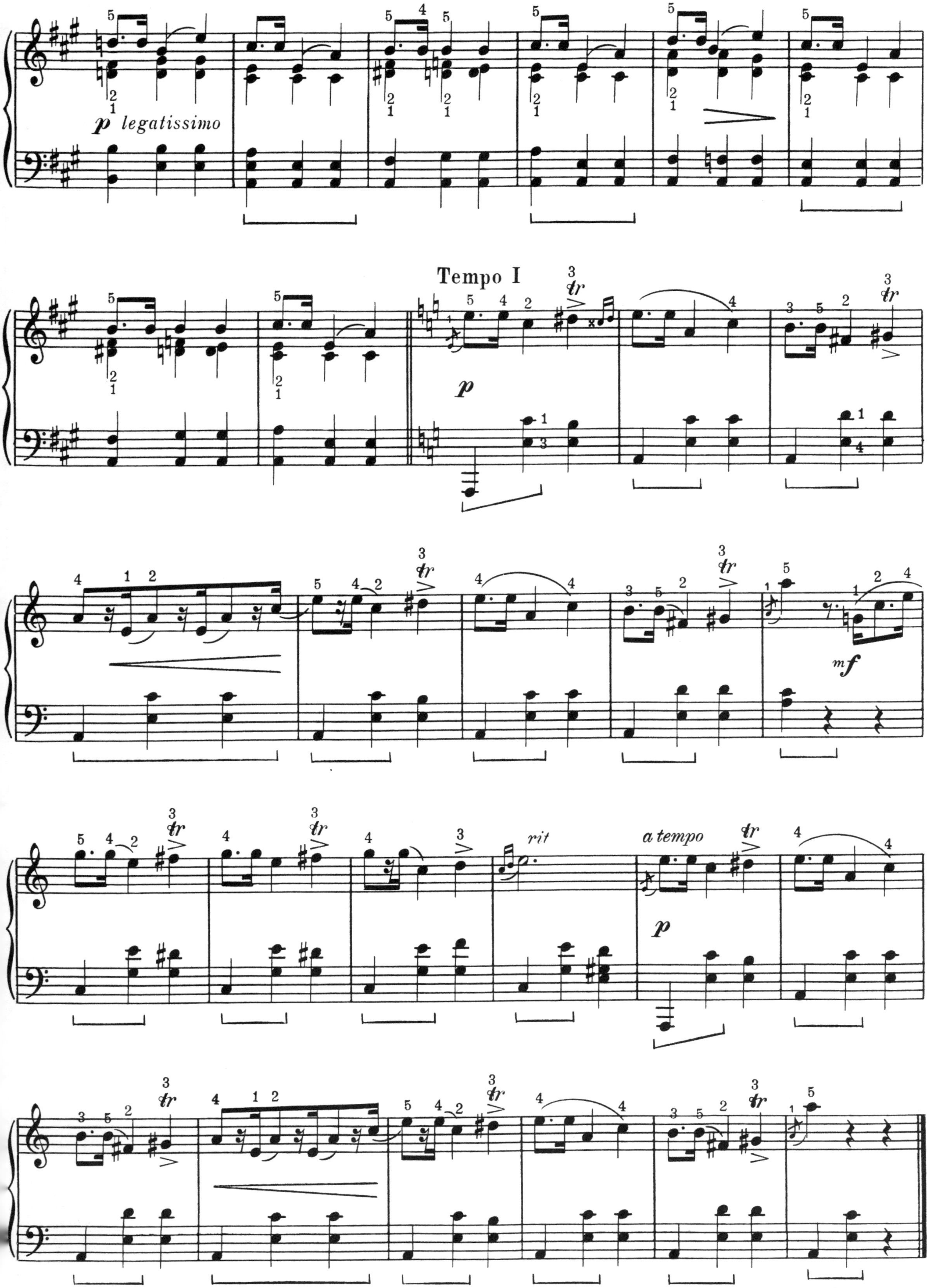
p legatissimo
Tempo I
p
mf
rit
a tempo
p

Consolação
Nº 3

FRANZ LISZT

Lento Plácido

sempre legato e leggero

Cantando

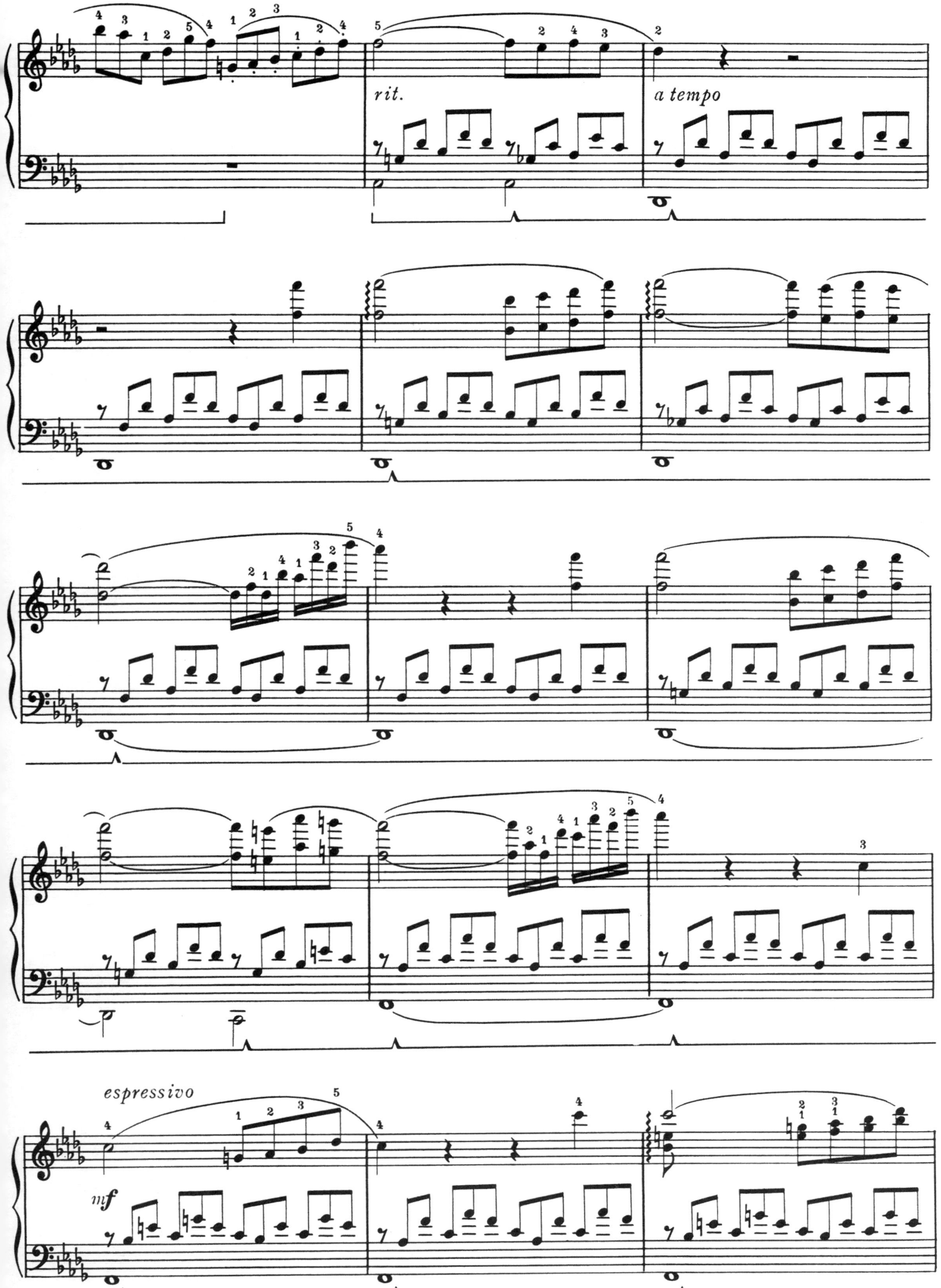
rit.
a tempo
espressivo
mf

dolcissimo
mf
rit.
a tempo
espressivo
mf
pp
dolcissimo
a tempo
muito espressivo

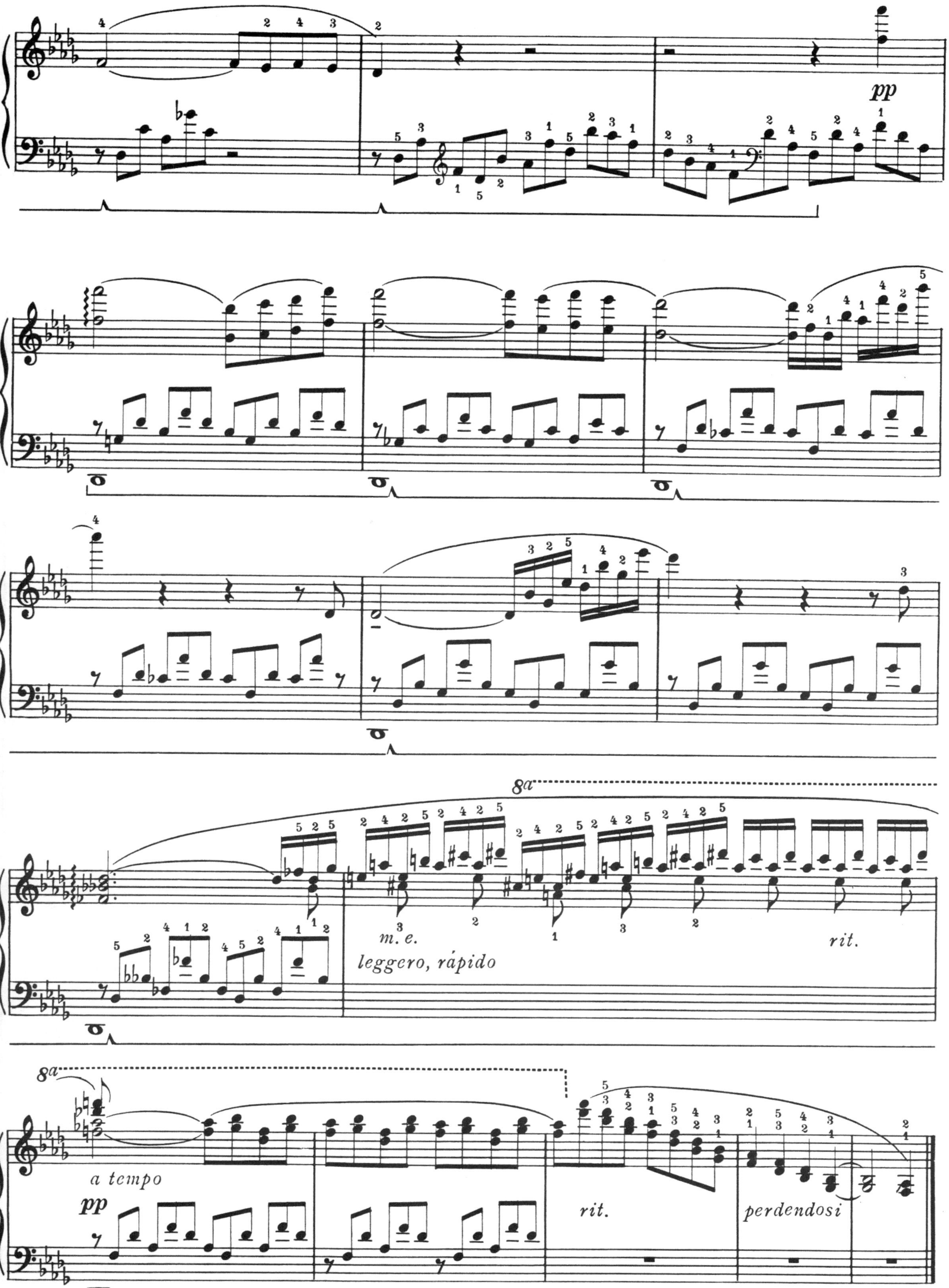
pp
8a
m. e.
leggero, rápido
rit.
8a
a tempo
pp
rit.
perdendosi

Le Petit Nègre
O Pequeno Negro

CLAUDE DEBUSSY

Allegro giusto

f très rythmé

f marcato

mf e dim.

dim.

cresc. molto

f

Un piu retenu

a tempo

pp doux et expressif

p

pp

203

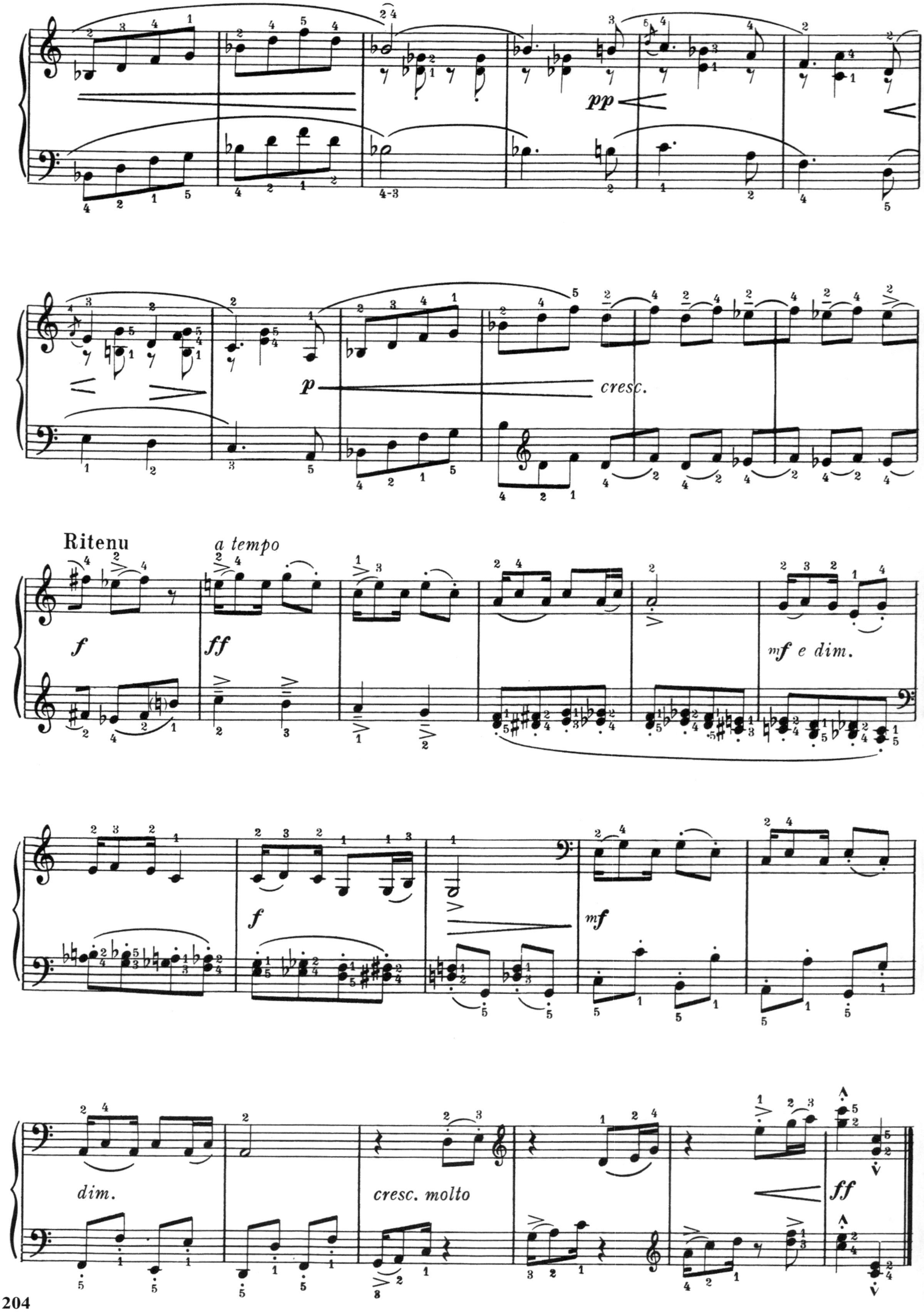
pp
p
cresc.
Ritenu
a tempo
f
ff
mf e dim.
f
mf
dim.
cresc. molto
ff

Golliwogg's Cake-Walk

CLAUDE DEBUSSY

Allegro giusto

Un peu moins vite

207

a tempo
pp
p
f
ff
f
3
p
p
retenez
dim.
più p
pp
pp
Toujour retenu
pp
Tempo I
p
p
molto
f
sff

209

La Fille aux Cheveux de Lin

CLAUDE DEBUSSY

Andantino (M.M. ♩=66)
Très calme et doucement expressif

Cédez _ _ *ll Mouv.* (sans lourdeur)

très doux

Cédez _ _ *ll au Mouv.*

Murmuré et en retenant peu a peu

perdendo   *pp*

Rêverie

CLAUDE DEBUSSY

Andante, senza rallentare (M.M. ♩=108)

pp assai dolce ed expressivo

213

214

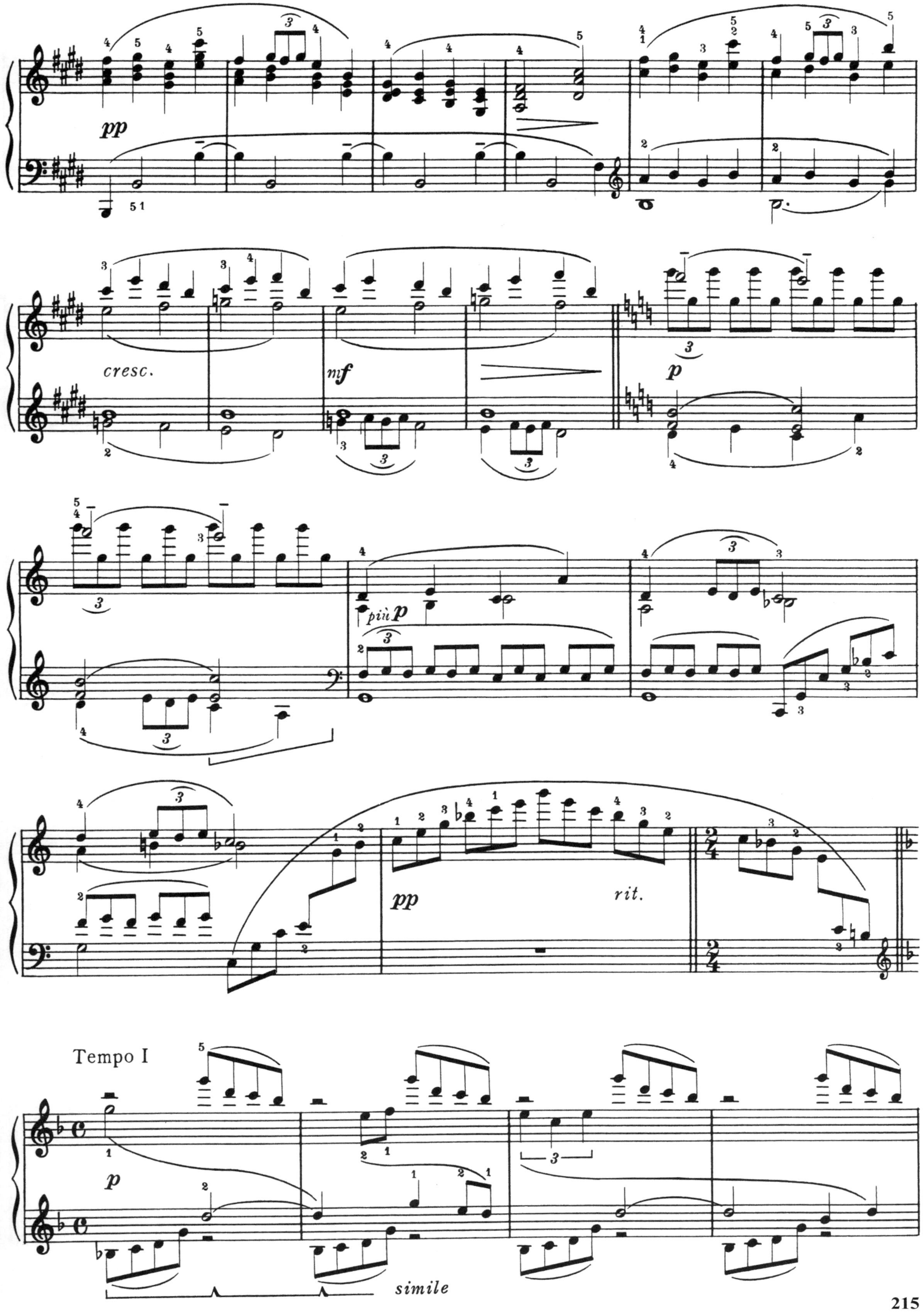
pp
cresc.
mf
p
più p
pp
rit.
Tempo I
p
simile

216

La plus que lente
Valse

CLAUDE DEBUSSY

Lent (Molto rubato con morbidezza)

Animez un peu
mf
En serrant
Retenu
molto dim.
Rubato
p
p
p
p
p
En serrante
cres
cen
do
Rubato
p
p
Appassionato
mf
f

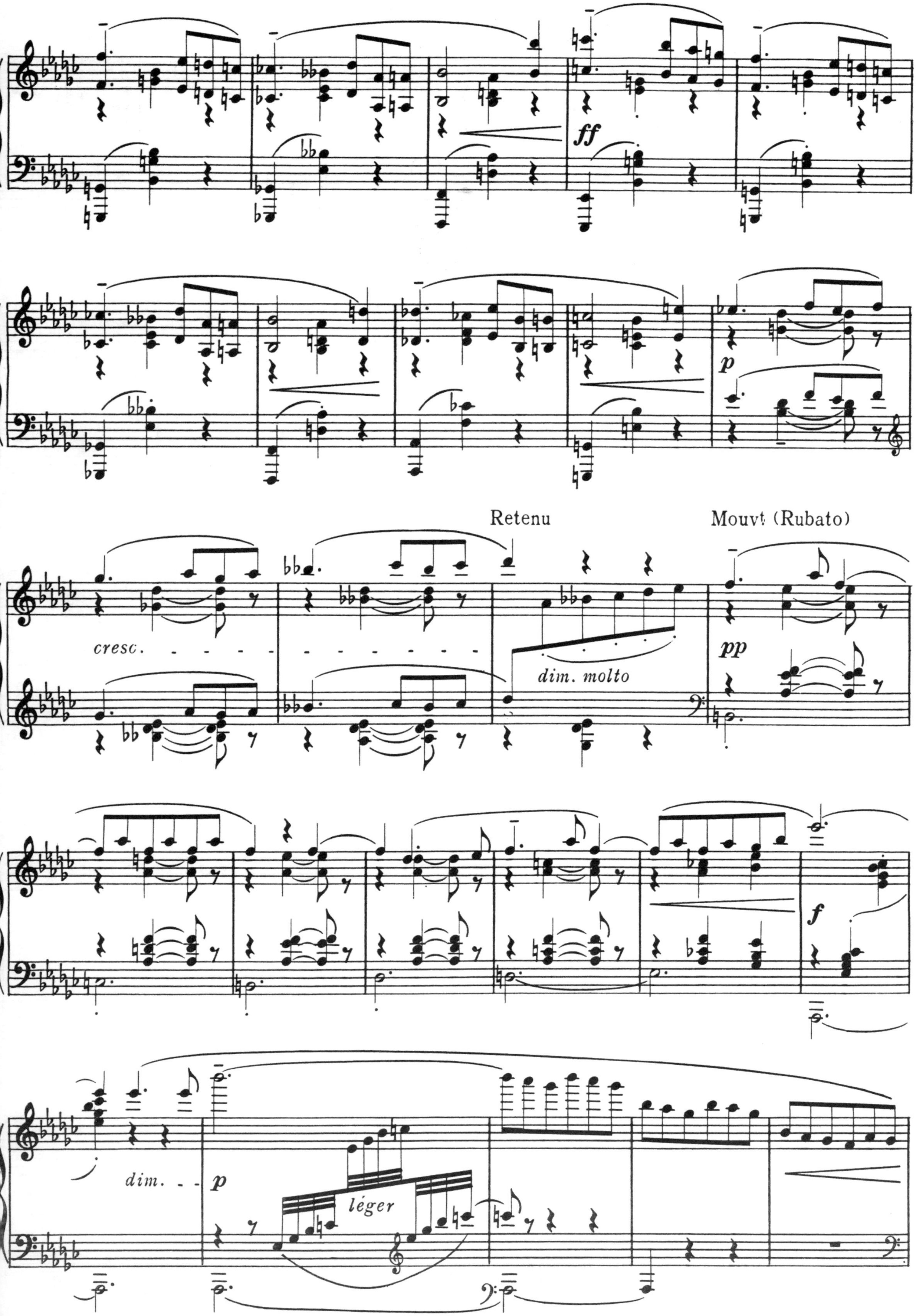

ff
p
Retenu
Mouvt (Rubato)
cresc.
dim. molto
pp
f
dim.
p
léger

220

En retenant
Très retenu
piu p
Ier. Mouvt. (En animant peu à peu)
pp
pp
f
En retenant
p
Tempo animé
più p
mf

222

Clair de Lune

CLAUDE DEBUSSY

Andante très expressif

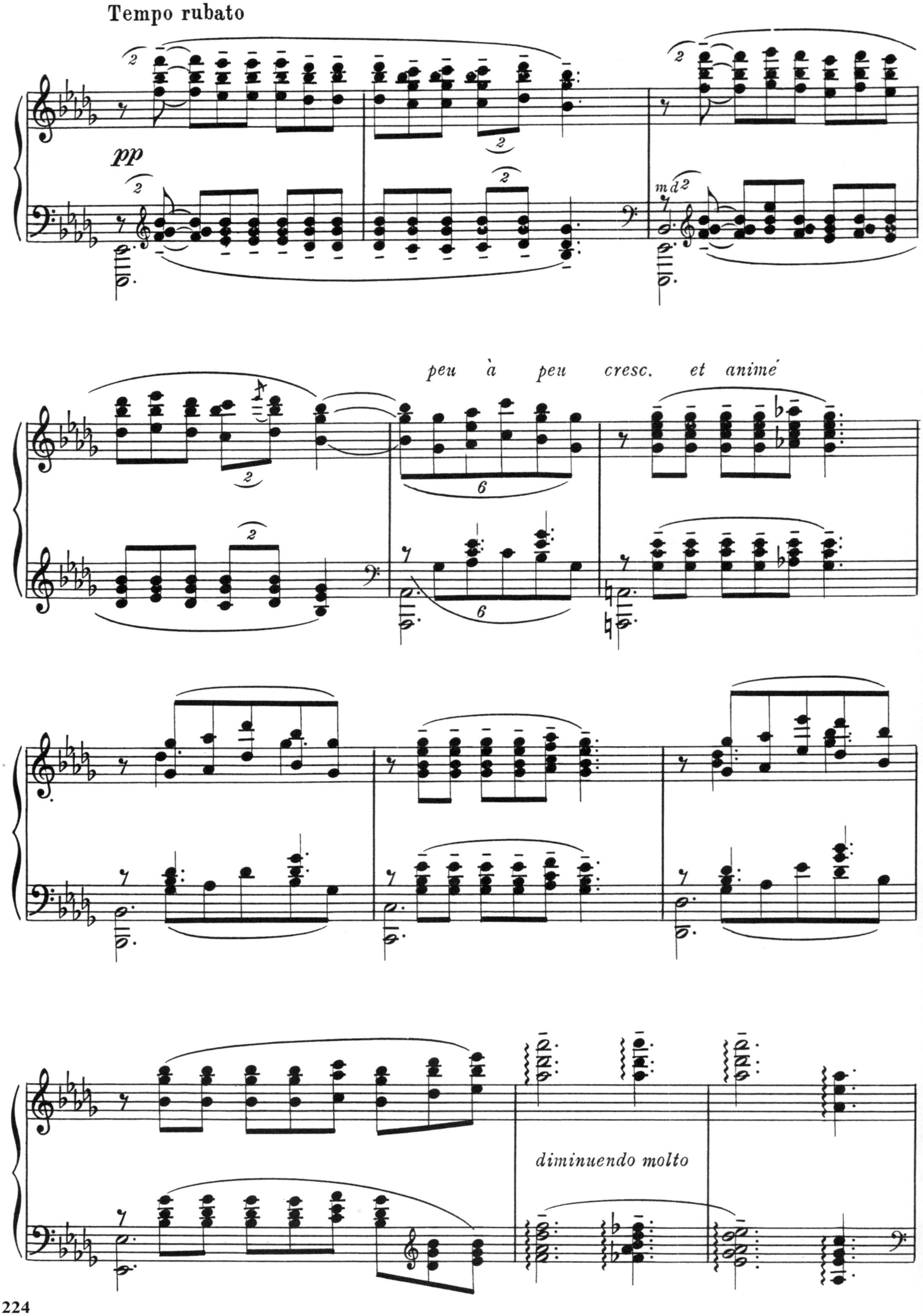
Tempo rubato
pp
md
peu à peu cresc. et animé
diminuendo molto

Un poco mosso

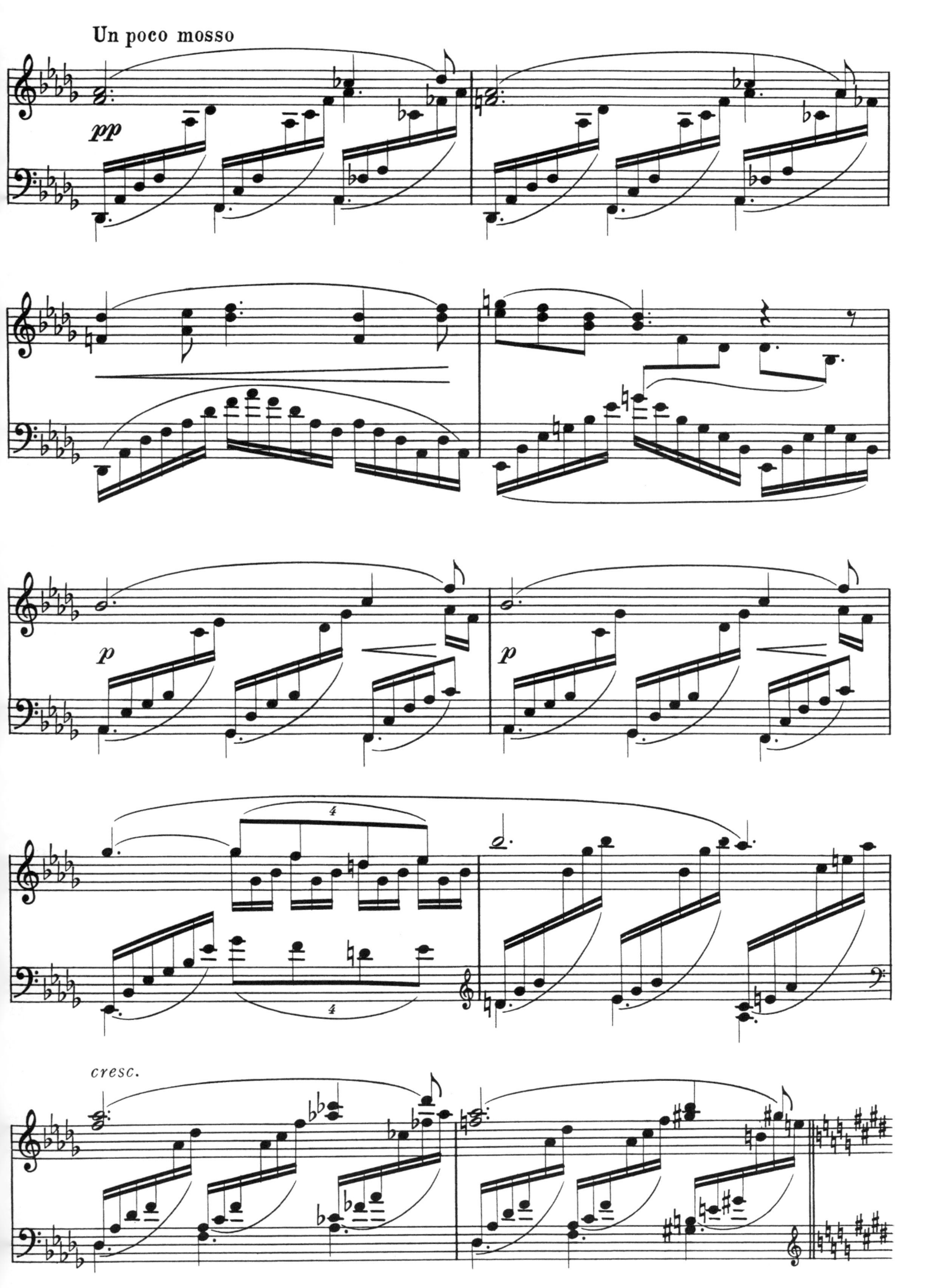

En animant

più cresc.

f

dim.

Calmato

pp

226

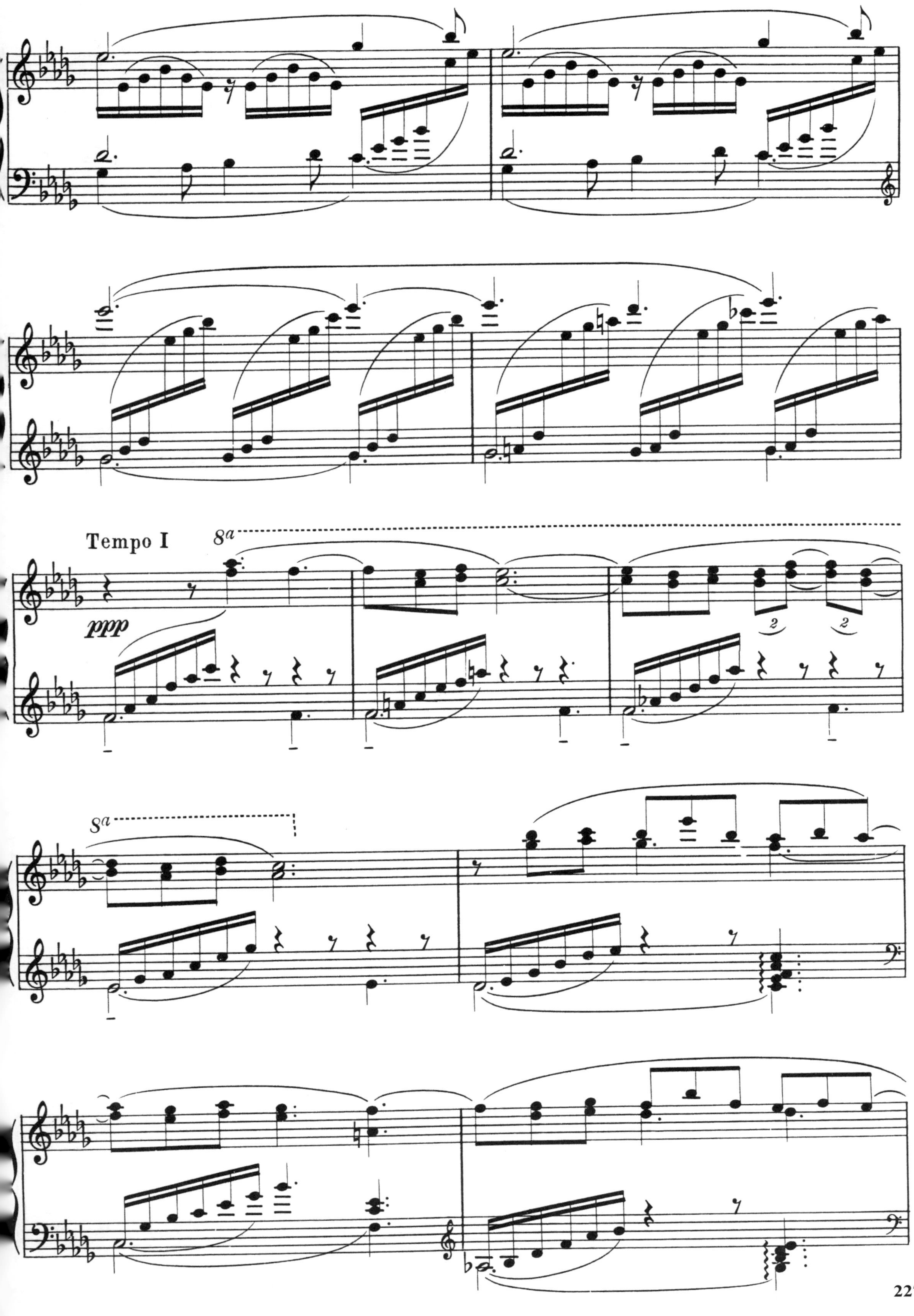
Tempo I
8a
ppp
2
2
8a

pp morendo jusqu'à la fin

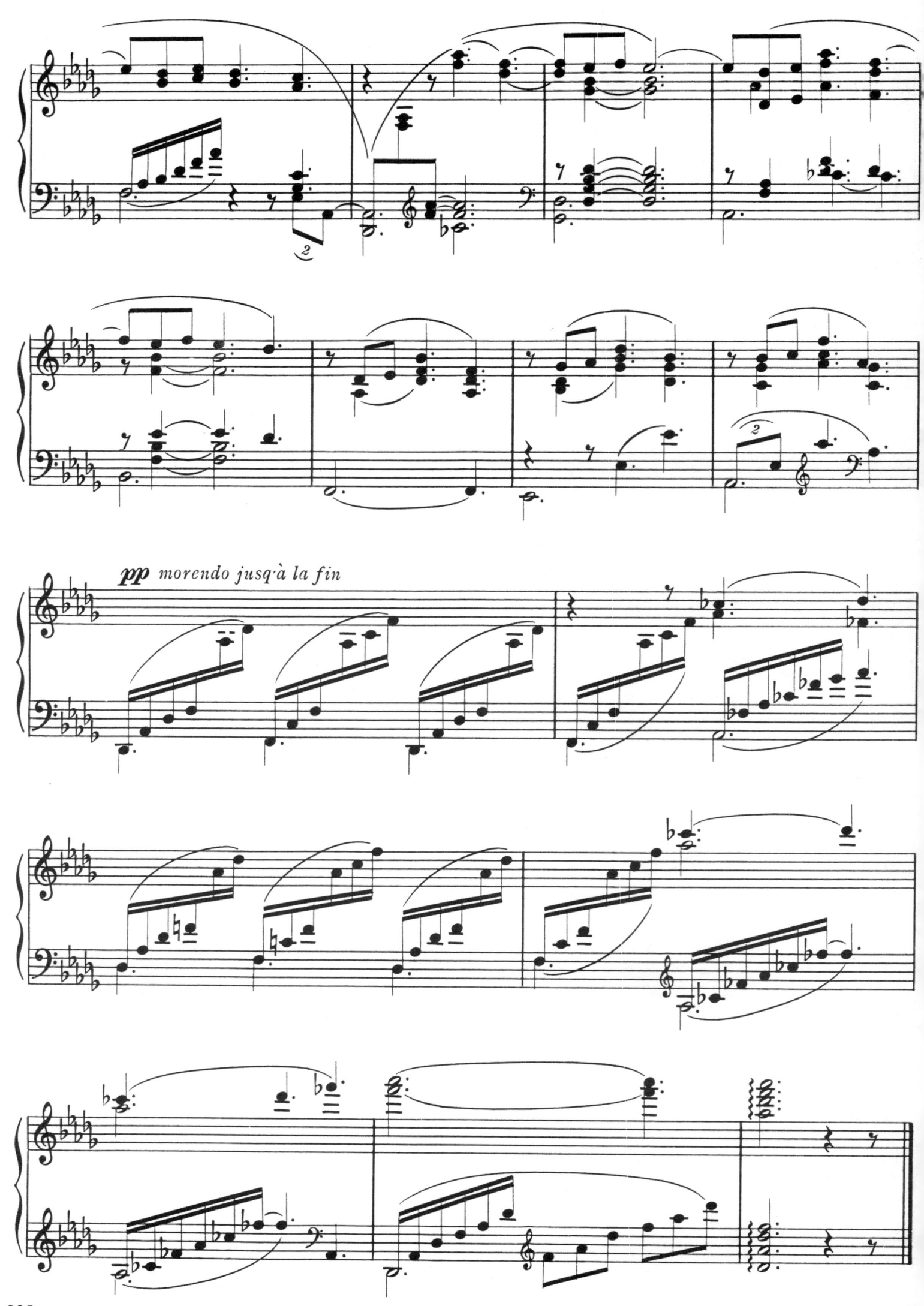